Programación
y
Lógica Proposicional

Ángel Arias

ISBN: 978-1497418196

Tabla de Contenidos

Notas del Autor

Esta publicación está destinada a proporcionar el material útil e informativo. Esta publicación no tiene la intención de conseguir que usted sea un maestro de las bases de datos, sino que consiga obtener un amplio conocimiento general de las bases de datos para que cuando tenga que tratar con estas, usted ya pueda conocer los conceptos y el funcionamiento de las mismas. No me hago responsable de los daños que puedan ocasionar el mal uso del código fuente y de la información que se muestra en este libro, siendo el único objetivo de este, la información y el estudio de las bases de datos en el ámbito informático. Antes de realizar ninguna prueba en un entorno real o de producción, realice las pertinentes pruebas en un entorno Beta o de prueba.

El autor y editor niegan específicamente toda responsabilidad por cualquier responsabilidad, pérdida, o riesgo, personal o de otra manera, en que se incurre como consecuencia, directa o indirectamente, del uso o aplicación de cualesquiera contenidos de este libro.

Todas y todos los nombres de productos mencionados en este libro son marcas comerciales de sus respectivos propietarios. Ninguno de estos propietarios ha patrocinado el presente libro.

Procure leer siempre toda la documentación proporcionada por los fabricantes de software usar sus propios códigos fuente. El autor y el editor no se hacen responsables de las reclamaciones realizadas por los fabricantes.

Introducción a la Programación

Con la evolución de la tecnología cada vez más personas tienen acceso a un ordenador, ya sea en su casa, en la escuela, en el trabajo o en cualquier otro lugar. Los usuarios más curiosos pueden plantearse preguntas como: "¿cómo consiguen hacer esto? ", "¿como podría hacerlo o aprenderlo yo?", "¿cómo es un ordenador internamente?"

Muchos se han aventurado a buscar respuestas de sus auto-preguntas pero no siempre es fácil encontrar lo que se busca. En este libro, el lector tiene la oportunidad de entender cómo funciona esto.

El objetivo de este libro es servir como base a cualquiera que desee introducirse, o simplemente unirse, al maravilloso mundo de la programación, incluso si usted tiene pocos o ningún conocimiento sobre la materia.

Este libro también puede servir como una forma de enriquecimiento cultural sobre temas ya olvidados, ya que aborda aspectos de la arquitectura de los procesadores y ordenadores, los cálculos, la lógica y las matemáticas, hasta una breve historia de los lenguajes de programación y programación básica de algoritmos.

Este libro también está dirigido a aquellos que quieran participar en la actividad de la comunidad de producción de software libre pero que no han recibido capacitación técnica del género.

La programación

Motivación

En estos días, no saber cómo trabajar con un ordenador es considerado como un tipo de analfabetismo y el coste por no saber cómo usar un ordenador puede ser muy elevado.

Cuando usamos los equipos informáticos podemos hacer muchas cosas. Un adolescente puede utilizar Internet para enviar un mensaje, un estudiante puede usar una hoja de cálculo para realizar el cálculo de un promedio o la cantidad de puntos que necesita para aprobar cada materia, un cocinero puede guardar sus recetas en un editor de texto como Word, etc. De hecho, la cantidad de productos especializados es tan grande que si nos fijamos bien seguramente encontrará algún programa que haga algo muy parecido a lo que quiera realizar.

El problema es que a veces queremos hacer algo específico: queremos un programa para hacer algo que nos va a servir únicamente a nosotros o a nuestra empresa. En este caso, en lugar de comprar uno de los muchos programas que se ofertan en el mercado, desarrollaremos nuestro propio programa. Esto requiere el dominio de una nueva forma de trabajar con el equipo: la programación. Nuestro motivo puede ser un negocio, un proyecto de la escuela, un pasatiempo o simple curiosidad. Hoy en día, un programa se puede hacer de varias maneras. Puede, por ejemplo, modificar ligeramente el comportamiento de la aplicación a través de macros, como se realiza en programas como Microsoft Word. Usted puede hacer incluso modificaciones mayores a través de lenguajes integrados, como también se puede hacer en los programas de Microsoft Office, o incluso juegos de ordenador como Neverwinter Nights. También puede coger un programa de código abierto existente o software libre y modificarlo. O puede empezar de cero y realizar la programación de prácticamente todo, desde luego con la ayuda de las bibliotecas disponibles que son parte del trabajo.

Para programar usted tiene muchas opciones: paquetes que se pueden extender con macros o lenguajes integrados, entornos de programación point-and-click, lenguajes más fáciles de aprender y lenguajes más difíciles, pero con gran poder o características apropiadas para sistemas grandes. En cualquier caso, el objetivo detrás de todo esto es el mismo: programar es dar órdenes a un ordenador, mostrar cómo este debe reaccionar ante el usuario y cómo debe procesar los datos disponibles.

Prácticamente no hay límites a lo que se puede hacer con un ordenador. Los ordenadores ayudan a la gente a hablar, existen aparatos de control, envío de información, entre otros aspectos. Aún algo más difícil, cómo simular una emoción o inteligencia, se estudia con diligencia en todo el mundo. Algunos de los problemas son muy grandes y requieren la construcción de un gran equipo. Otros son tan simples que podemos resolverlos en equipos normales. La noción del tamaño de un problema también cambia con el tiempo: así el chip que se utilizaba en los ordenadores personales en el año 1988, el w:Z80 , ahora se utiliza en dispositivos como faxes.

Hoy en día es difícil imaginar un área de actividad humana en la que el uso de los ordenadores no sea deseable. Así, el dominio de la programación es dictada sustancialmente por la imaginación y la creatividad. Podemos decir que la gran ventaja de saber programar es la capacidad de crear lo que se quiera cuando se quiera. No sólo para los PC sino también para los teléfonos móviles, PDAs y otros. Por supuesto, requiere un poco de esfuerzo pero para muchos este esfuerzo es en realidad un reto cuya recompensa es ver su idea convertida en realidad.

PROGRAMACIÓN

Probablemente ya ha escuchado la palabra programación, conoce su significado, pero probablemente no sea consciente de lo que hace, cómo se hace y quién lo hace. La programación es fácil y divertida, la dificultad para la mayoría de los principiantes es comenzar a entender cómo funciona un ordenador.

Bueno, un ordenador puede entenderse de varias maneras. Dentro de ellos están las señales electrónicas. Los humanos que los diseñan generalmente piensan en estas señales como "1" y "0". En un momento, empezamos a pensar en algo que se conoce como lenguaje de máquina, es decir, secuencias de

"1" y "0", normalmente escritos como números enteros, que indican un cierto comportamiento, tales como la suma de dos números. Para hacerlo más fácil aún, este lenguaje máquina está normalmente transcrito por el lenguaje ensamblador o de montaje que describe las acciones que una computadora puede hacer a través de w: mnemotécnicos como ADD y MOV. Sin embargo, desde hace algún tiempo nosotros hacemos funcionar un ordenador a través de programas escritos en lenguajes de programación que tratan de hacer la tarea de explicar lo que el equipo tiene que hacer más fácil a los seres humanos, si bien, debido a la alta especialización del lenguaje, sólo unos pocos de ellos lo entienden. Todos los lenguajes de programación tienen esencialmente el mismo propósito que es permitir al programador dar instrucciones a la máquina.

En nuestro mundo cotidiano la comunicación se hace de una manera natural y rara vez somos conscientes de las reglas que aplicamos en nuestro idioma. El objetivo de aprender un lenguaje de programación es exactamente el mismo: la aplicación de normas llegando a estar tan arraigadas en nuestra mente que se realice de forma inconsciente (abstraer). Un buen programador entiende los "entresijos" de la lengua que utiliza e incluso puede ver la belleza o la fealdad de un código, de la misma forma que a veces un texto nos gusta no por su contenido sino por la forma en que fue escrito.

Los lenguajes se crean con dos objetivos: lenguajes de propósito general, que sirven para hacer cualquier cosa, y lenguajes de uso específico. Si quiere hacer un programa que se ocupe de problemas estadísticos, probablemente lenguajes como "R", que es un lenguaje creado específicamente para este uso, sean el más adecuado. Si usted desea hacer un programa para calcular la nómina de una empresa, probablemente lenguajes como COBOL, C, C + + o Java, que son lenguajes de uso general, serán los adecuados.

Un programa informático

Un programa de un ordenador es como una receta de cocina: es una secuencia de pasos que se deben realizar. Si los equipos cocinaran en lugar de procesar los datos, un programa típico podría ser:

PROGRAMA FREIR_HUEVO

RESERVAR HUEVO, PAN, SAL, MANTEQUILLA;

USAR COCINA;

COLOCAR SARTEN EN COCINA;

PONER LA MANTEQUILLA EN LA SARTÉN;

ENCENDER COCINA;

ESPERAR A QUE LA MANTEQUILLA SE CALIENTE;

ROMPER EL HUEVO;

DERRAMAR EL HUEVO EN LA SARTEN;

PONER SAL EN EL HUEVO;

ESPERAR A QUE EL HUEVO SE FRÍA;

APAGAR COCINA;

SERVIR EL HUEVO;

FIN PROGRAMA

Sin embargo, los programas de ordenador trabajan con datos y un programa real típico sería (usando Python)

def sumar (num1, num2):

return num1 + num2

Este programa (o, más bien, esta función) devuelve la suma de dos números.

Cómo Programar

Estructura interna de un ordenador

Un equipo mínimo consta de tres unidades básicas:

- Procesador, como el nombre implica, es el componente principal del procesamiento;

- Memoria, que mantiene datos y programas;

- Los dispositivos de entrada y salida (Input / Output), tales como el teclado, el monitor o la impresora.

En un ordenador personal, estos componentes se colocan normalmente en una placa base.

Es importante tener en cuenta que los dispositivos llamados de memoria secundaria se comunican con la parte principal del ordenador a través de dispositivos de entrada y salida. Por lo tanto, una unidad de disco duro sólo se puede utilizar si está conectado a la placa base a través de una interfaz (SCSI o SATA, por ejemplo).

Por lo general, representamos un ordenador de manera abstracta mediante un diagrama muy simple que muestra una unidad de procesamiento capaz de utilizar los datos que proceden o deben ser almacenados tanto en la memoria como en dispositivos de entrada y salida:

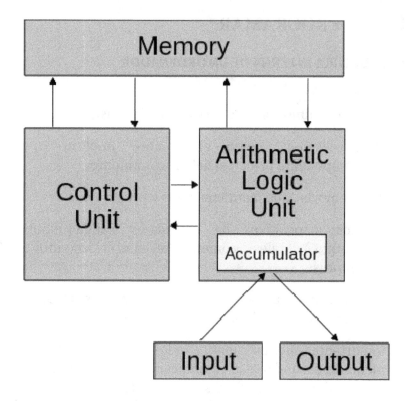

Figura 1: Esquema de un ordenador genérico

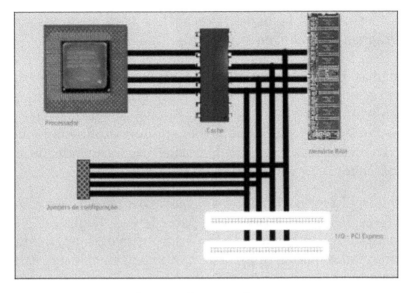

Figura 2: Esquema de una placa genérica

Antes de intentar averiguar que sistema es el representado en las imágenes, vamos a explicarlo para que el lector comprenda mejor como funciona un ordenador.

El esquema tiene dos dispositivos de entrada (PCI Express - aquellos en los que ponemos nuestra tarjeta gráfica, tarjeta de red o tarjeta de sonido ...), cuatro pistas de transferencia de datos (son muchas más en un ordenador actual), donde circulan los datos, probablemente codificados, de las entradas dirigidas a la central de procesamiento (CPU o procesador). Entonces los millones de transistores existentes dentro de esa caja, procesarán y crearán nuevos datos que serán distribuidos por la red interna del PC, de acuerdo con la clasificación presentada en los datos de entrada. El procesador puede almacenar datos en la memoria RAM y la memoria caché. Los datos menos usados serán almacenados en la memoria RAM y para los datos de acceso frecuente se usará la caché. Los Jumpers controlan, además de la velocidad de procesamiento, qué tipo de entradas pueden generar datos, entre otras cosas. El mismo proceso ocurre con los datos que se devuelven al dispositivo de E / S. Et voilà, he aquí una explicación muy, muy resumida de toda la teoría de procesamiento de un ordenador.

Ampliando un poco más, los dispositivos periféricos, como impresoras y escáneres, acceden también al procesador. Actualmente los dispositivos no están controlados por la CPU sino por una memoria EEPROM llamada BIOS.

PROCESAMIENTO DE DATOS

El procesador es una unidad central del sistema informático, llamada CPU (Unidad Central de Procesamiento). Su función es interpretar y ejecutar instrucciones.

La unidad de medida de la velocidad de un procesador es Hz (hercios). El Hertz es la unidad de medición de frecuencia, que en física se define como el número de ciclos que se producen por unidad de tiempo - la frecuencia de un reloj es 1/3600 Hz, es decir, se tarda 1 hora en dar una vuelta completa. En la mayoría de los ordenadores modernos, la velocidad media es de 1 GHz, o mil millones de ciclos de reloj por segundo, o 1000000000 hertz o, análogamente, mil millones de vueltas en un reloj en 1 segundo. En nuestro ejemplo, 01 hertz puede llevar por lo menos 01 bits (1 información), para entenderlo 1 bit (1 Hz) puede ser comparado con 1 letra de este texto, con lo que los ordenadores que funcionan con 2 mil millones de "letras" por segundo (02 GHz) pueden leer un libro más rápido que otro que sólo puede leer mil millones de "letras" (01 GHz).

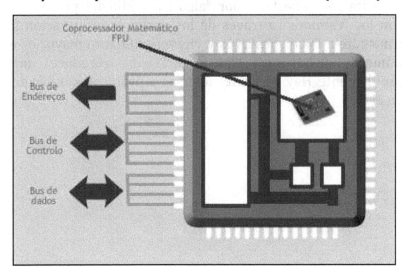

Figura 2 - Esquema de un procesador genérico

El procesador está compuesto por millones de transistores, cada uno de los cuales procesa un bit a la vez, es decir, muestra el estado 1 o el estado 0. Esta diversidad de posibles secuencias crea una gama infinita de instrucciones. De hecho las limitaciones encontradas en la creación de software no son vistas por la CPU, sino por la estructura de la máquina. El procesador, teóricamente, en términos de procesamiento de datos es ilimitado, es decir, no hay límites de procesamiento.

A veces se necesitan varias operaciones matemáticas complejas. Existe, dentro de la CPU, una pequeña sección llamada coprocesador matemático FPU encargada de eso. Pero el procesador no puede existir aisladamente necesita ser conectado por "algo": los BUS del procesador son los "caminos" a través de los cuales la información se transmite a los dispositivos y viceversa. Cuanto mayor es el número de buses la transferencia se produce más rápidamente. Hay varias tecnologías y protocolos utilizados en el BUS.

Lógica de Programación

Lógica de Programación es la técnica para desarrollar algoritmos (secuencias lógicas) para alcanzar ciertos objetivos dentro de ciertas reglas basadas en la lógica matemática y otras teorías básicas de la ciencia de la computación y que luego se adaptan al lenguaje de programación utilizado por el programador para construir su software.

Un algoritmo es una secuencia no ambigua de instrucciones que se ejecuta hasta que se cumpla cierta condición. Más específicamente, en matemáticas, es el conjunto de procesos (y los símbolos que los representan) para realizar un cálculo.

El concepto de algoritmo se ilustra a menudo con el ejemplo de una receta, aunque muchos algoritmos son más complejos. Pueden repetir los pasos (iterar) o requerir decisiones (tales como comparación ó lógica) hasta que se complete la tarea. Un algoritmo correctamente ejecutado no va a resolver un problema si no se implemente correctamente o si no es apropiado para el problema.

Un algoritmo no representa necesariamente un programa de ordenador sino los pasos necesarios para realizar una tarea. Su aplicación puede llevarse a cabo por un ordenador u otro tipo de robot, incluso por un ser humano. Diferentes algoritmos pueden realizar la misma tarea utilizando un conjunto diferente de instrucciones en menos o más tiempo, espacio o esfuerzo que otros. Esta diferencia puede reflejar la complejidad computacional aplicada, que depende de la estructura de datos adecuada al algoritmo. Por ejemplo, un algoritmo para vestirse puede especificar que se vista en primer lugar por los calcetines y los zapatos después de ponerse los pantalones mientras otro algoritmo puede especificar que usted debe ponerse primero los zapatos y luego los calcetines y los pantalones. Claramente, el primer algoritmo es más fácil de realizar que el segundo a pesar de que tanto uno como otro conduce al mismo resultado.

El concepto de algoritmo se formalizó en 1936 por la Machine Turing de Alan Turing y por el cálculo lambda de Alonzo Church, que formaron las primeras bases de la informática.

FORMALISMO

Un programa de ordenador es esencialmente un algoritmo que le dice al ordenador los pasos específicos y en qué orden deben ser ejecutados, por ejemplo, los pasos a ser seguidos para calcular las notas que se imprimirán en los boletines de los estudiantes de una escuela. Por lo tanto, el algoritmo se puede considerar una secuencia de operaciones que pueden ser simuladas por una máquina de Turing completa.

Cuando uno de los procedimientos de un algoritmo implican el procesamiento de datos, la información se lee desde una fuente de entrada, es procesada y se devuelve un nuevo valor después del procesamiento, que se realiza generalmente con la ayuda de una o más estructuras de datos.

Para cualquier proceso computacional teórico, el algoritmo debe ser rigurosamente definido, especificando la forma en que se comportará en todas las circunstancias. La corrección del algoritmo se puede demostrar matemáticamente, como la cantidad asintótica del tiempo y el espacio (complejidad) que se requieren para su ejecución. Estos aspectos del algoritmo están dirigidos por el análisis de algoritmos. Las implementaciones, sin embargo, pueden estar limitadas a casos concretos.

La forma más sencilla de pensar en un algoritmo es una lista de procedimientos bien definidos, en los que se ejecutan las instrucciones paso a paso desde el principio de la lista, es una idea que se puede ver fácilmente a través de un diagrama de flujo. Tal formalización adopta las premisas de la de programación imperativa, que es una forma mecánica para visualizar y desarrollar un algoritmo. Concepciones alternativas para algoritmos varían en la programación funcional y programación lógica.

DEFINICIÓN DE ALGORITMO

Algunos autores restringen la definición de algoritmo para procedimientos que eventualmente terminan. Minsky constató que si el tamaño de un procedimiento no se conoce de antemano, tratar de descubrirlo es un problema indecible ya que el procedimiento puede ser ejecutado hasta el infinito porque nunca se tendrá la respuesta. Alan Turing demostró en 1936 que no hay ninguna máquina de Turing para llevar a cabo este análisis para todos los casos, por lo que no hay algoritmo para realizar tal tarea para todos los casos. Esta condición se conoce ahora como el problema de la parada. Básicamente, esto significa que no existe un programa informático que puede predecir si otro programa del ordenador se detendrá algún día.

Para algoritmos infinitos el suceso no se puede determinar mediante la interpretación de la respuesta y si por las condiciones impuestas por el desarrollador del algoritmo durante su ejecución. Por ejemplo, podemos querer un algoritmo infinito para controlar una señal de tráfico.

IMPLEMENTACIÓN

La mayoría de los algoritmos están diseñados para ser implementados en un programa de ordenador. Sin embargo, también pueden ser implementados de otros modos, tales como una red neuronal biológica (tales como en el cerebro cuando realizamos operaciones aritméticas) en circuitos eléctricos o incluso dispositivos mecánicos.

Para los programas de ordenador hay una amplia variedad de lenguajes de programación, cada una con características específicas que pueden facilitar la puesta en práctica de ciertos algoritmos o servir para fines más generales.

ANÁLISIS DE ALGORITMOS

El análisis de algoritmos es una rama de la informática que estudia las técnicas de diseño de algoritmos y los algoritmos de forma abstracta, sin estar implementados en un lenguaje de programación en particular o implementados de alguna otra manera. El análisis de algoritmos se ocupa de los medios necesarios para los recursos de ejecución del algoritmo, como el tiempo de ejecución y el espacio de almacenamiento de datos. Debe ser notado que para un algoritmo dado puede haber diferentes cantidades de recursos asignados en conformidad con los parámetros de entrada pasados. Por ejemplo, si definimos que el factorial de un número natural es igual al factorial de su predecesor multiplicado por el número en sí, está claro que la aplicación del factorial (10) consume más tiempo que la ejecución del factorial (5).

Una forma de mostrar un algoritmo para analizarlo es a través de su implementación por un pseudocódigo estructurado. El ejemplo siguiente es un algoritmo que devuelve (salida) la suma de dos valores (también conocidos como parámetros o argumentos, valores de entrada) que se introducen en la llamada a la función:

SumaDeDosValores función (A numérico, B numérico)

comienzo

declarar SUMA numérico

SUMA <- A + B

devolver (SUMA)

final

CLASIFICACIÓN

Clasificación por implementación

Los algoritmos se pueden clasificar por la forma en la que fueron implementados:

- **Recursivo o iterativo** - un algoritmo recursivo tiene la función de invocarse a sí mismo varias veces hasta que una cierta condición se satisface y se termina, lo que es un método común en la programación funcional. Los algoritmos iterativos utilizan estructuras repetitivas tales como bucles o estructuras de datos adicionales como las pilas, para resolver problemas. Cada algoritmo iterativo tiene un algoritmo recursivo similar y viceversa, pero puede tener más o menos complejidad en su construcción. Es posible construir algoritmos que sean a la vez iterativos y recursivos probablemente para aprovechar alguna optimización de tiempo o espacio que eso permita.

- **Lógico** - un algoritmo puede ser visto como una deducción lógica controlada. El componente lógico expresa los axiomas utilizados en el cálculo y el componente de control determina la forma en que se aplica la deducción a los axiomas. Este concepto es la base para la programación lógica.

- **Serie o paralelo** – los algoritmos se asumen generalmente para ser ejecutados instrucción por instrucción individualmente, como una lista de reproducción, lo que constituye un algoritmo en serie. Este concepto es la base de la programación imperativa. Por otro lado, hay algoritmos ejecutados en paralelo, que tienen en cuenta arquitecturas de ordenadores con más de un procesador para ejecutar más de una instrucción a la vez. Tales algoritmos dividen el problema en sub-problemas y lo delegan al número de procesadores disponibles, reuniendo al final el resultado de los sub-problemas en un resultado final o algoritmo. Este concepto es la base para la programación en paralelo. En términos generales, los algoritmos iterativos son paralelizables, por otro lado hay algoritmos que no son paralelizables, llamados problemas inherentemente seriales.

- **Deterministas o no deterministas** - algoritmos deterministas resuelven el problema con una decisión exacta a cada paso mientras que los algoritmos no deterministas resuelven el problema al deducir los mejores pasos a través de estimaciones de forma heurística.

- **Exacta o aproximada** - mientras que algunos algoritmos encuentran una respuesta exacta, los algoritmos de aproximación buscan una respuesta aproximada a la solución real, ya sea a través de la estrategia determinista o aleatoria. Poseen aplicaciones prácticas sobre todo para problemas muy complejos, donde una respuesta correcta es inviable debido a su complejidad computacional.

CLASIFICACIÓN POR METODOLOGÍA

Los algoritmos se pueden clasificar por la metodología o paradigma de su desarrollo, tales como:

- **Divide y vencerás** – los algoritmos de división reducen repetidamente el problema en subproblemas, a menudo de forma recursiva, hasta que el sub-problema es lo suficientemente pequeño para ser resuelto. Un ejemplo práctico es el algoritmo de ordenación. Una variante de esta metodología es la reducción y conquista, que resuelve un sub-problema y utiliza la solución para resolver un problema más grande. Un ejemplo práctico es el algoritmo de búsqueda binaria.

- **La programación dinámica** – puede utilizar la programación dinámica para evitar la re-solución de un problema que se ha resuelto previamente.

- **Algoritmo voraz** - un algoritmo voraz es similar a la programación dinámica pero se diferencia en que las soluciones de los sub-problemas no necesitan ser conocidas en cada paso, una elección de este tipo se puede hacer en cada momento con lo que hasta ese momento parece ser lo más adecuado.

LA PROGRAMACIÓN LINEAL

- **Reducción** - la reducción resuelve el problema mediante su transformación en otro problema. También se le llama de transformación o conquista.

- **Búsqueda y enumeración** - muchos problemas se pueden modelar mediante gráficos. Un algoritmo de exploración gráfica se puede utilizar para caminar alrededor de la estructura y devolver información útil para la resolución de problemas. Esta categoría incluye los algoritmos de búsqueda y backtracking.

- **Modelo heurístico y probabilístico** – los algoritmos probabilísticos realizan elecciones al azar. Los algoritmos heurísticos tratan de encontrar una solución por ciclos de mutaciones evolutivas entre generaciones de pasos, tendiendo a la solución exacta del problema. Los algoritmos heurísticos encuentran una solución aproximada al problema.

CLASIFICACIÓN POR CAMPO DE ESTUDIO

Cada campo de la ciencia tiene sus propios problemas y sus algoritmos apropiados para resolverlos. Ejemplos clásicos son los algoritmos de búsqueda, clasificación, análisis numérico, teoría de gráficos, la manipulación de cadenas, la geometría computacional, optimización combinatoria, aprendizaje automático, criptografía, compresión de datos y la interpretación de texto.

CLASIFICACIÓN POR COMPLEJIDAD

Algunos algoritmos se ejecutan en tiempo lineal, de acuerdo a la entrada, mientras que otros se ejecutan en tiempo exponencial o incluso nunca terminan de ser ejecutados. Algunos problemas tienen múltiples algoritmos para su solución, mientras que otros no tienen algoritmos de resolución.

UN APUNTE HISTÓRICO

El programador más antiguo del que se tiene noticia es Ada Lovelace, quien describió el funcionamiento de la máquina analítica de Babbage Charles, que nunca fue terminada. El primer programador que completó todos los pasos en informática, incluyendo la compilación y las pruebas, fue

Wallace Eckert. Él utilizó el lenguaje matemático para resolver problemas astronómicos en la década de 1930. Alan Turing desarrolló y programó un ordenador diseñado para romper el código alemán Enigma durante la Segunda Guerra Mundial.

LÓGICA

LÓGICA BINARIA

La lógica binaria o operación bit a bit es la base de todo el cálculo computacional. De hecho, éstas son las operaciones más básicas que constituyen toda la potencia de los ordenadores. Toda operación, por compleja que pueda parecer, se traduce internamente por el procesador a estas operaciones.

OPERACIONES

NOT

El operador NOT o negación binaria supone lo opuesto del operando, es decir, un operando será '1 ' si el operando es '0', y será '0 'en caso contrario, según podemos confirmar con la tabla de verdad:

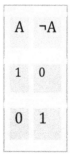

A	¬A
1	0
0	1

Implementación:

Si esto NOT aquello

AND

El operador binario AND o conjunción binaria devuelve un bit 1 cuando ambos operandos son '1 ', como se puede confirmar en la tabla de verdad:

A	B	A $\land$ B
1	1	1
1	0	0
0	1	0
0	0	0

Implementación:

Si esto AND aquello, hacer asi

OR

El operador binario OR o disyunción binaria devuelve un bit 1 cuando al menos un operando es '1', como se puede confirmar en la tabla de verdad:

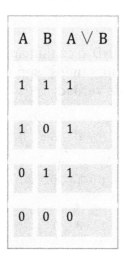

A	B	A∨B
1	1	1
1	0	1
0	1	1
0	0	0

Implementación:

Si esto OR aquello, hacer asi

XOR

El operador binario XOR o disyunción binaria exclusiva devuelve un bit 1 si sólo un operando es '1 ', como se puede confirmar en la tabla de verdad:

A	B	∨A∨B

1	1	0
1	0	1
0	1	1
0	0	0

Implementación:

Esto XOR aquello, hacer asi

Shift

El operador bits shifting o desplazamiento bit-a-bit, equivale a la multiplicación o división por 2 del operando que, a diferencia de los casos anteriores, es un grupo de bits, y consiste en el desplazamiento hacia la izquierda o la derecha del grupo de bits. El bit introducido es siempre 0 y el bit eliminado puede ser usado opcionalmente (flag CF de los registros del procesador).

(101 011 (43) >> 1) = 010,101 [1]

(101 011 (43) << 1) = [1] 010 110

APRENDIZAJE
Cómo aprender

Se requiere mucha persistencia para aprender a programar. Para ello necesitamos un poco de tiempo y dedicación al lenguaje. Trate de planificar los estudios y fijar el día, como por ejemplo, estableciendo 1 hora por día los martes, jueves y sábados. Le sugiero que empiece por el estudio de un lenguaje sencillo y directo, y a medida que vaya conociendo nuevas normas de programación, evolucionar a otros lenguajes. Algunos programadores dicen que cualquier desarrollador en la cima de su carrera debe conocer profundamente los lenguajes definidos como los más prestigiosos, como el lenguaje C, C++ y ensamblador. Una posible secuencia lógica de aprendizaje sería:

Paso 1	Perl, Python, Shell Script, ...	El conocimiento de la lógica de programación, la resolución de algoritmos sencillos
Paso 2	PHP, JavaScript, Pascal, ...	Solución de problemas con más de un resultado; Algunos de programación orientada a objetos
Paso 3	Lenguaje C, C + +, ...	Resolución de problemas complejos y desarrollo de programas GUI, Programación total con objetos y clases
Paso 4	Ensamblador	Conocimiento total de procesamiento, programación

Como podemos ver, aprender a programar lleva tiempo, hay quien dice que es difícil y los hay que dicen que es divertido. Procure ser creativo mientras escribe los algoritmos, utilice los nuevos conceptos aprendidos y no tenga miedo a probar nuevas ideas.

"La opción por defecto"

El "estándar vigente" es algo que existe empíricamente en un programador, cuando se tiene la intención de estudiar un nuevo idioma. Pero ¿cuál es el estándar vigente?

Cuando se quiere estudiar un lenguaje, no se puede esperar que leyendo un libro en particular o asistiendo a un curso en concreto lo aprendamos perfectamente. La verdad es que no necesitamos un libro para aprender a programar bien y, para algunos, el curso es sólo una pérdida de tiempo. La gran mayoría de los libros sirven como una ayuda para el estudio y no como una base de apoyo para el estudio. Por lo tanto, lo que la mayoría de los programadores hacen para aprender un nuevo lenguaje es:

El estudio de la sintaxis del lenguaje a través de un libro o manual.

La comprensión de las diferencias de este con los demás lenguajes que ya saben - Esto es muy importante!

Hacer algo que realmente le hará un buen programador: Leer código ya hecho.

Comience a escribir sus propios programas.

Es necesario tener en cuenta estos pasos que son esenciales. así que si usted no sabe una función particular, siempre puede ir a verla en el manual. Sin embargo, no se aferre al libro, ya que no conduce a nada.

Esta norma es efectiva porque, un principiante, puede aprender un idioma en poco más de 5 o 6 meses. Un programador con experiencia sólo necesita una o dos semanas para aprender un nuevo lenguaje.

Después de aprender ese lenguaje, inscríbase en uno de los cientos de listas existentes en Internet y aumente sus conocimientos ayudando a otros a crear programas de código abierto. Tenga en cuenta que si usted sigue estas reglas va a aprender a ser un buen programador.

Algoritmos

Un algoritmo es un esquema para la solución de un problema. Puede ser aplicado con cualquier secuencia de valores u objetos que tienen una lógica infinita (por ejemplo, el idioma Inglés, Pascal, C, una secuencia numérica, un conjunto de objetos como el lápiz y la goma de borrar), o cualquier cosa que pueda proporcionar una secuencia lógica. A continuación podemos apreciar un algoritmo implementado en un diagrama de flujo sobre el estado de una lámpara:

Figura 3 - un diagrama de flujo

Siguiendo el razonamiento anterior ¿un programa de ordenador es un algoritmo? Sí, es cierto. Aunque tenemos que usar el algoritmo anterior en nuestro lenguaje (como se muestra en la imagen de arriba) para escribir una lógica de programa, el programa en sí mismo que proviene de este algoritmo ya es un algoritmo. Incluso un esquema mental es un algoritmo.

OK, ya sabemos lo que es un algoritmo. Pero, ¿por qué es importante para el estudio de la programación?

La verdad es que antes de que podamos escribir un programa en cualquier lenguaje necesitamos escribir un esbozo en papel para evitar errores, de acuerdo con el programa que queremos hacer. Con esta lógica, no olvidaremos lo que queremos dar al programa y será menos probable que aparezcan errores. Por ejemplo:

En lenguaje humano:

"Si eso es cierto, sucede esto, sino pasa aquello"

En lenguaje de máquina:

IF eso; THEN esto; ELSE aquello;

Como se puede ver, un algoritmo puede escribirse de distintas formas, de arriba a abajo, de izquierda a derecha, en diagonal, árabe, ruso... lo único necesario es escribirlo!

FUNDAMENTOS

Una máquina de computación es cualquier máquina (por lo general de origen electrónico) con capacidad para recibir datos, realizar operaciones con esos datos y devolver los datos procesados por estas operaciones.

Entrada de datos	Tratamiento	Salida de datos

Las máquinas de computación electrónicas en general, tienen dos componentes básicos: software y hardware.

Llamamos Hardware a parte física y software a los programas que tratan los datos introducidos.

Cuando introducimos algunos datos en un ordenador, los datos introducidos se transforman en señales eléctricas (llamadas bits). El bit (Inglés binary digit) son los dos estados (encendido o apagado) que la señal eléctrica puede asumir. Para trabajar con estos datos, podemos asociar estos estados por intervalos de 0 y 1. Cuando se utiliza un ordenador, hay un flujo de señales eléctricas que representan los datos introducidos, procesados y devueltos. Un conjunto de ocho bits forman un byte que es una unidad completa de información.

Dentro del byte, el estado de cada uno de ocho bits, así como su posición relativa entre sí, hace que el byte tenga un valor específico (no necesariamente numérico) que sirve para estructurar en relación con otro y crear un sistema de datos que sirve al usuario externo.

Para poder organizar las posibilidades de variaciones de estos bits dentro de un byte, podemos ver una tabla ASCII:

Binario	Dec	Hex	Representación
0010 0000	32	20	espacio ( )

0010 0001	33	21	!
0010 0010	34	22	"
0010 0011	35	23	#
0010 0100	36	24	$
0010 0101	37	25	%
0010 0110	38	26	&
0010 0111	39	27	'
0010 1000	40	28	(
0010 1001	41	29	)
0010 1010	42	2A	*
0010 1011	43	2B	+
0010 1100	44	2C	,

0010 1101	45	2D	-
0010 1110	46	2E	.
0010 1111	47	2F	/
0011 0000	48	30	0
0011 0001	49	31	1
0011 0010	50	32	2
0011 0011	51	33	3
0011 0100	52	34	4
0011 0101	53	35	5
0011 0110	54	36	6
0011 0111	55	37	7
0011 1000	56	38	8

Binario	Dec	Hex	Representación
0011 1001	57	39	9
0011 1010	58	3A	:
0011 1011	59	3B	;
0011 1100	60	3C	<
0011 1101	61	3D	=
0011 1110	62	3E	>
0011 1111	63	3F	?

Binario	Dec	Hex	Representación
0100 0000	64	40	@
0100 0001	65	41	A
0100 0010	66	42	B

0100 0011	67	43	C
0100 0100	68	44	D
0100 0101	69	45	E
0100 0110	70	46	F
0100 0111	71	47	G
0100 1000	72	48	H
0100 1001	73	49	I
0100 1010	74	4A	J
0100 1011	75	4B	K
0100 1100	76	4C	L
0100 1101	77	4D	M
0100 1110	78	4E	N

0100 1111	79	4F	O
0101 0000	80	50	P
0101 0001	81	51	Q
0101 0010	82	52	R
0101 0011	83	53	S
0101 0100	84	54	T
0101 0101	85	55	U
0101 0110	86	56	V
0101 0111	87	57	W
0101 1000	88	58	X
0101 1001	89	59	Y
0101 1010	90	5A	Z

0101 1011	91	5B	[
0101 1100	92	5C	\
0101 1101	93	5D	]
0101 1110	94	5E	^
0101 1111	95	5F	_

Binario	Dec	Hex	Representación
0110 0000	96	60	`
0110 0001	97	61	a
0110 0010	98	62	b
0110 0011	99	63	c
0110 0100	100	64	d

0110 0101	101	65	e
0110 0110	102	66	f
0110 0111	103	67	g
0110 1000	104	68	h
0110 1001	105	69	i
0110 1010	106	6A	j
0110 1011	107	6B	k
0110 1100	108	6C	l
0110 1101	109	6D	m
0110 1110	110	6E	n
0110 1111	111	6F	o
0111 0000	112	70	p

0111 0001	113	71	q
0111 0010	114	72	r
0111 0011	115	73	s
0111 0100	116	74	t
0111 0101	117	75	u
0111 0110	118	76	v
0111 0111	119	77	w
0111 1000	120	78	x
0111 1001	121	79	y
0111 1010	122	7A	z
0111 1011	123	7B	{
0111 1100	124	7C	|

0111 1101	125	7D	}
0111 1110	126	7E	~

LÓGICA DE PROGRAMACIÓN

Lógicamente se vuelve laborioso trabajar con los datos de un ordenador bit a bit. Como una manera de manejar este flujo de estados eléctricos y estructurarlo para que las operaciones sean más simples y estén más optimizadas, surgió el concepto de programación. Los lenguajes de programación son por lo general de dos niveles:

- **Lenguajes de bajo nivel**: son lenguajes de programación que manejan información en lenguaje máquina.

- **Lenguajes de alto nivel**: lenguajes de programación que se modelan casi como el lenguaje humano común, que cuando se compilan se traducen a lenguaje de máquina. Cada tipo de lenguaje tiene su propia sintaxis, que debe ser respetada y aprendida correctamente para que pueda ser procesada por el compilador. El compilador es un programa que permite que cierta programación en un lenguaje específico se adapte al lenguaje máquina.

Sin embargo, no es necesario que un programador aprenda todos los lenguajes disponibles. Se recomienda usar cada lenguaje para ciertas aplicaciones, así como por su propia sintaxis, pero todos están estructurados lógicamente. Con la programación lógica el alumno comprenderá los conceptos básicos de la programación y, con mayor o menor dificultad, dependiendo del lenguaje elegido, aprenderá el lenguaje que desee.

ALGORITMO

Los lenguajes de programación tratan los datos de un ordenador a través del uso de algoritmos. Un algoritmo es una estructura paso a paso de cómo un problema dado debe ser resuelto de una manera no ambigua. Por lo tanto, para realizar esta estructura es necesario el uso de herramientas y las operaciones derivadas de la lógica, sobre todo de la lógica matemática .

Antes de la programación estructurada de forma lógica debemos saber qué tipo de problema se ha propuesto, la información que será introducida y los pasos que se realizarán para llegar a un fin específico. Por ejemplo, vamos a ver un "algoritmo" con los pasos a seguir para "ducharse":

Sacar la ropa.

Abrir el grifo.

Enjabonarse.

Des-enjabonarse el cuerpo.

Aplicar champú en el pelo.

Aclarar el pelo.

Cerrar el grifo.

Hemos visto un problema propuesto (ducharse) y los pasos para resolver el problema. Por supuesto, hay otras formas de estructurar este algoritmo para lograr el mismo fin. Sin embargo, es importante estructurarlo de una manera coherente, eficaz y simple, o como muchos dicen de "forma elegante". Nosotros veremos en la siguiente lección que podemos diseñar este algoritmo y aplicar conocimientos lógicos que nos permitan manipular la información necesaria.

En el ejemplo que se muestra a continuación, utilizar el teléfono público, vemos condiciones para la toma de decisiones.

Retire el auricular;

Coloque la tarjeta telefónica;

Espere el tono de marcación;

Con un tono de llamada, marque el número deseado;

Si da señal de ocupado, hacer:

Cuelgue el teléfono y vuelva al paso 1;

Si da señal de llamada, hacer:

Espere que contesten;

Hable;

Cuelgue el auricular;

Extraiga la tarjeta;

Los algoritmos también pueden tener condiciones para repetir una acción.

Estructuras de manipulación de datos

Como ya se ha mencionado y es lógico, los lenguajes de programación tienen cosas en común. Una de ellas son las estructuras de control. Las estructuras de control se definen como la base de la programación lógica y pueden ser de dos niveles: directo o indirecto (complejo). Para tener una idea de la diferencia entre el control directo y el control indirecto, presentamos a continuación dos diálogos representativos de dos situaciones cotidianas:

Pedro - "¿Dónde fuiste Miguel"

Miguel - "Fui a la tienda a comprar ropa."

Individuo - "¿Dónde puedo obtener un certificado A-R53?"

Inspector - "Usted tiene que traer su identificación a la ventanilla, pedir un impreso GHA NORMAL y sellarlo, después de 3 meses de la finalización de la escritura tendrá que esperar hasta que llegue la vuelta..."

Tras el análisis de los dos casos, rápidamente llegamos a la conclusión de que la respuesta obtenida en la primera situación es directa y simple, mientras que en la segunda ocurre lo contrario. Ahora, si usted quiere volcar la primera situación en el ordenador, veremos que es suficiente con una página de código secuenciado para que el ordenador recree los pasos. Lo mismo no ocurre en la segunda. Por lo general, para este tipo de casos, el programador utiliza piezas fundamentales llamadas funciones (en Inglés function) que representan cada caso único de la situación, habiendo vínculos entre ellas en función del resultado.

ESTRUCTURAS BÁSICAS

Cualquier programa tiene que hacer algo (aunque sólo sea enviar una señal bip), sino no es un programa, es decir, tiene que presentar el contenido. Por lo tanto, como representa contenidos va a cambiar estados dentro de la computadora, siendo la memoria interna una de las piezas que se van a alterar inevitablemente. Es inevitablemente que un programa no se "aloje" en la memoria del ordenador, por lo que el programa necesita un espacio físico en memoria y que tendrá que pedirlo. Eso es de lo que hablamos a continuación.

VARIABLES Y CONSTANTES

Una variable es una expresión que varía y por lo general está representada por un valor desconocido X, una constante es una expresión que no cambia (el número de Avogadro, PI, el número de Neper) y puede ser representada por una letra.

En los programas, las variables son todas las expresiones que pueden o no pueden variar, como también pueden ser constantes. Una cosa es evidente: las constantes no pueden ser variables.

En la siguiente función Y vale el doble de todos los valores de X:

Y = 2X -> En esta función, X varía por lo que Y es una variable

En la siguiente función Y siempre toma el valor 2:

Y = 2 -> Y en esta función no varía y por lo tanto es constante.

Aquí es evidente la diferencia de una variable y una función constante en matemáticas.

Trasladando la noción de variable y constante a programación, presentamos ahora dos códigos en PHP y C + +:

/ / Nosotros representamos un texto como una variable representada por p (sintaxis PHP):

<php?

$ p = "Hello World!";

/ / Ahora vamos a mostrarla en la pantalla

echo $ p ;

>

En el caso anterior, una variable es un texto que se almacena en memoria, representado por p.

/ / Representamos ahora un "Hello World!" como una constante (la sintaxis de C + +):

 # include <iostream.h>;

int principal ( ) {

cout << "Hello World!",

return 0;

}

No se alarme si no entiende nada de lo que ocurrió. Aquí "Hello World!" era una constante, no una variable, ya que no se almacena en memoria, sino que ha sido impuesta por la sentencia cout directamente.

INSTRUCCIONES

Las instrucciones son comandos pequeños que dictan al programa lo que debe hacer con ciertos datos. Pueden almacenar información, la información actual, esperar una entrada, etc.

Aquí hay algunas de las instrucciones que son más comunes, así como su implementación en C + + y PHP:

Instrucción	Descripción	PHP	Lenguaje C + +

MOSTRAR	Mostrar datos en la pantalla	echo (), print ();	cout <<
ENTRADA	Solicitar una entrada	$ _GET [] (No se utiliza directamente)	cin.get ()

ESTRUCTURAS DE CONTROL

IF

IF es lo mismo que SI y se utiliza en todos los lenguajes de programación, ya que es la estructura más simple que existe. Su implantación supone el lanzamiento de un booleano Verdadero o Falso.

IF esto

Hacer aquello

ELSE

ELSE se utiliza como un adicional de IF, haciendo que todos los datos devueltos como FALSO en IF sean controlados por este ELSE.

IF esto

Hacer aquello

ELSE hacer otra cosa

SWITCH

El SWITCH es visto como un sustituto de IF-ELSE, cuando hay más de 2 opciones para ser controladas.

SWITCH Variable

   CASE argumento 1: el código correspondiente

   CASE argumento 2: el código correspondiente

   CASE argumento 3: el código correspondiente

En este caso, switch buscará el argumento que contiene la variable adecuada y de esta forma elegirá que CASE ejecutar.

FOR

FOR es un bucle que se ejecuta mientras un determinado argumento no es cierto.

X = 1

FOR X <= 10

X = X + 1

Puede ser más difícil de desentrañar este código que los anteriores pero lo que está escrito aquí es que "mientras X no sea igual a 10, la declaración FOR siempre vuelve al principio y vuelve a aumentar el valor de X en 1".

El procesamiento de salida es la siguiente:

X = 1

X = 2

X = 3

X = 4

X = 5

X = 6

X = 7

X = 8

X = 9

X = 10

WHILE

WHILE es una estructura utilizada en la mayoría de lenguajes de programación actuales, especifica que se haga una acción mientras cierta condición es verdadera. Tenga en cuenta el ejemplo escrito en Pascal:

```
while ( x <> z )

   begin

      writeln ( 'Introduzca un valor para Z' )

         readln ( z )

   end ;
```

En el código anterior, mientras que el valor de Z sea diferente al de X, se solicitará al usuario que introduzca el valor de Z.

FUNCIONES

Las funciones son pequeños trozos de código independiente que se especializan en el tratamiento de ciertos tipos de datos dentro de un programa. Hay lenguajes como C o C + +, que sólo trabajan con funciones, otros, como los lenguajes de script (PHP, Python, Perl, etc.), trabajan con funciones y con código publicado en secuencia.

Un ejemplo de implementación de funciones sería:

FUNCTION nombre_funcion (argumento 1, argumento 2, argumento x, ...)

Código

RETURN datos a ser devueltos al código principal

Ejemplo de implementación de función en código:

```
FUNCTION multiplicador (numero)

X = 10E21

Y = numero * X

RETURN Y

END-FUNCION


GET numero

IF numero >= 1

 GOTO multiplicador

 SHOW Y

END-IF

ELSE

 SHOW "No es un número entero"

END-ELSE
```

En este código, vemos el poder de las funciones. En el caso anterior, se solicita al usuario introducir un número. Después de eso, el ordenador analiza si el número es un número entero, y si es así, se llama a la función multiplicador, devolviendo una variable Y que contiene el número introducido previamente multiplicado por el exponente de 22. Sin embargo, si el número introducido no es un entero, el equipo lanza un mensaje de error "No es un número entero".

ARRAYS

Las matrices son estructuras de datos simples, denominadas como vector o lista si son matrices unidimensionales o array si es poli-dimensional. Lo que ocurre es que, en una matriz los datos son mostrados y ordenados de acuerdo a las propiedades o variables que intentamos dominar.

En el siguiente caso se presenta un array ordenado con datos del estado de un programa de código abierto:

Array ('versión' => array ("Alpha"=> 0.1

> *"Beta" => 0.5*
>
> *"End" => 0.9*
>
> *)*
>
> *-END ARRAY;*
>
> *"SO" => array ("Win" => "Windows"*
>
> *"Uni" => "UNIX"*
>
> *"Mac" => "Mac-OS"*
>
> *)*

-END ARRAY;

)

-END ARRAY;

Los datos que se describen como "versión" y "SO" se llaman clave y todos los demás son Valores. Entonces todo valor apunta a una clave.

ARRAY (clave => valor);

OPERACIONES ARITMÉTICAS

En cualquier lenguaje es posible calcular las expresiones algebraicas aritméticas de conformidad con los signos convencionales (+ , - , * , y /), por lo que cualquier expresión numérica se comporta como se da en la matemática elemental. También es posible usar expresiones alfanuméricas para realizar cálculos más complejos (materia en la que no entraremos ya que aquí los lenguajes difieren en su comportamiento - algunos están de acuerdo, otros calculan el valor hexadecimal del carácter ASCII u otras cadenas de formulario (frases), etc. - lo que conduce a una gama infinita de posibilidades de programación, en función de los requisitos establecidos en cada tipo de lenguaje).

ARITMÉTICA

Podemos sumar cualquier expresión algebraica de la siguiente manera:

2 + 2 = A

MOSTRAR A

Obviamente obtendremos 4 como resultado mostrado.

Del mismo modo, es posible realizar cualquier operación de una calculadora matemática básica:

B = 4 * 5

MOSTRAR B / / número 20

3/2 = C

MOSTRAR C / / el resultado de 0, (6)

Una vez visto esto, podemos pensar que sería posible calcular expresiones complejas

* 5 + 2 3/3 - 5 = D

D DEMOSTRACIÓN

Lo que obtenemos de la expresión anterior puede ser un resultado ambiguo dependiendo de la forma en que los lenguajes de programación interpretan la expresión - la expresión puede ser calculada por secuencia lógica matemática o en la secuencia en que se muestra. Actualmente todos los idiomas comunes siguen una secuencia lógica para calcular la expresión matemática y por eso el resultado es 10, (6) y no 0, (6).

OPERACIONES COMPLEJAS

¿Cómo se comporta el equipo con los cálculos utilizando números de coma flotante o números exponenciales ?

Al igual que en matemáticas, el equipo intentará redondear decimales (algunos lenguajes como PHP requieren la función round () para redondear matemáticamente) y de calcular potencias, para conseguir un resultado con un número real aproximado que se dice matemáticamente que es cierto.

Coma flotante:

0.512 + 2/3 = 1.178 (6) / / cuántos decimales desea el usuario y la computadora permite

CONCLUSIÓN

Estas son las instrucciones más básicas utilizadas por todos los lenguajes de programación existentes, precisamente por ser básicas y simples. Sin ellas, un lenguaje no es acreditado y presenta demasiadas limitaciones como para poder considerarse un lenguaje de programación racional.

PSEUDO CÓDIGO

Pseudocódigo es una forma genérica de escribir un algoritmo, utilizando un lenguaje sencillo (un lenguaje nativo para quien escribe con el fin de ser entendido por cualquier persona) sin tener que conocer la sintaxis de cualquier lenguaje de programación. Es, como su nombre indica, un pseudo-código y por lo tanto no puede ser ejecutado en un sistema real (ordenador) - de lo contrario ya no sería pseudo.

Los libros de ciencias informáticas a menudo usan pseudocódigo para ilustrar sus ejemplos de modo que todos los programadores pueden entender la lógica de los programas (sin importar el lenguaje que utilizan), entendiéndose los conceptos facilitados después de la conversión a cualquier lenguaje de programación. Vamos a aprender en este libro los elementos más esenciales de la programación en pseudo-código.

CONSTANTES Y VARIABLES

Una máquina de computación es esencialmente una máquina de entrada y salida de datos. Podemos definir dos tipos de datos: constantes, que es un valor fijo que no cambia hasta el final del programa y variable que corresponde a una posición en la memoria del ordenador que almacena un dato particular y que se puede modificar durante el programa.

TIPOS DE VARIABLES

Al declarar una variable se le asigna una posición determinada en la memoria del ordenador. Por lo tanto hay una necesidad de determinar el tipo de la variable con el fin de tener suficiente espacio para la asignación de cualquier dato del tipo declarado.

- **Numérico**: variable que almacena datos de valor numérico (números). Algunos pseudo-códigos dividen este tipo de variables en reales y enteras, es decir, datos numéricos reales (con decimales) y números enteros.

- **Carácter**: variable que almacena los datos de la forma en que se escriben por lo tanto pueden asignar letras, números o letras y sólo números, pero el tratamiento de estos números es como texto y no como números mismos.

- **Lógico**: variable que sólo puede tomar dos valores: Verdadero o Falso.

MODELO DE PSEUDO-CÓDIGO

Vamos a utilizar el siguiente pseudo-código como modelo estándar:

- Cada programa debe comenzar con programa SuNombre

- El principio y el fin del programa estarán limitados por los marcadores Inicio y Fin

- Las variables se declaran en el comienzo del programa con NombreVariable: tipo de la variable

- Las variables no pueden estar en blanco y no pueden iniciar su nombre por número

- Los caracteres especiales no se deben utilizar en los nombres de variables (', `, ~, c, - y similares)

- Se debe evitar el uso de palabras reservadas (es decir, aquellas que utiliza el programa para funciones específicas, tales como inicio y fin).

- Considere que los nombres de las variables diferencian entre mayúsculas y minúsculas caso, es decir, son case sensitive. Así, el nombre de una variable declarada debe ser exactamente el mismo, incluyendo mayúsculas y minúsculas, hasta el final.

- Vamos a utilizar los comandos leer para recibir los datos del usuario y escribir para mostrar los datos al usuario.

- Los textos que se mostrarán en pantalla o que sea preciso insertar como carácter se colocarán entre "comillas".

- Los comentarios en el código se puede introducir entre llaves {} y se proporcionan únicamente con fines informativos, no cambian el código.

EJEMPLO DE PROGRAMA EN PSEUDO-CÓDIGO

Vamos a crear ahora un programa en pseudo-código que define los tipos de registros relacionados con las variables de un libro y recibe estos datos por parte del usuario, que luego se imprimirán en la pantalla.

Programa libro {definición de nombre de programa}

Inicio

CODIGODOLIBRO: entero

TÍTULO, AUTOR, REDACTOR: carácter {declaración de variables}

escribir "Este es un programa en pseudo-código que muestra los datos en pantalla de un libro"

escribir "Introduzca el código del libro"

leer CODIGODOLIBRO

escribir "Introduzca el título del libro"

leer TÍTULO

escribir "Introduzca el autor del libro"

leer AUTOR

escribir "Introduzca el editor del libro"

leer EDITOR

escribir "El libro de código es" CODIGODOLIBRO

escribir "El título del libro es" TÍTULO

escribir "El autor del libro es" AUTOR

escribir "El editor del libro es", EDITOR

Fin

ASIGNACIÓN DE VALORES A LAS VARIABLES

A las variables se les asignan valores del mismo tipo que en su declaración durante el procesamiento del programa. En el ejemplo anterior asociamos el valor introducido por el usuario a las variables. Si queremos asignar valores podemos utilizar <- que asocia un valor a un identificador.

Programa libro {definición del nombre de programa}

CODIGODOLIBRO: entero

TÍTULO, AUTOR, REDACTOR: carácter {declaración de variables}

escribir "Este es un programa en pseudo-código que muestra los datos en pantalla de un libro"

CODIGODOLIBRO <- 1

TÍTULO <- "El Señor de los Anillos"

AUTOR <- "JRR Tolkien"

EDITOR <- "Tralala Editorial"

escribir "El código del libro es" CODIGODOLIVRO {mostrará 1}

escribir "El título del libro es", TÍTULO {mostrará El Señor de los Anillos}

escribir "El autor del libro es", AUTOR {mostrará JRR Tolkien}

escribir "El editor del libro es", EDITOR {mostrará Tralala Editorial}

Fin

EXPRESIONES EN PSEUDO-CÓDIGO

Aquí se describirán las funciones y comandos utilizados para escribir en pseudocódigo.

Comandos iniciales

Estos comandos estarán siempre en el pseudocódigo para fines de organización y no tienen asignada ningún tipo de ejecución, son los siguientes:

Algoritmo "nombre de algoritmo" {donde lo que está entre "" es una variable literal}

Var {Sección de declaración de variables}

Inicio {Sección de inicio de comandos}

Fin {Indica el final del algoritmo}

COMANDO ALGORITMO

Sólo sirve para indicar el nombre del algoritmo, en el que el nombre debe ser citado como una variable literal obligatoriamente. Por ejemplo:

algoritmo "prueba"

COMANDO VAR

Indica dónde se declaran las variables, es opcional, ya que en algunos algoritmos sólo se imprimen instrucciones. Por ejemplo:

var

n1, n2: entero

n3, n4: real

nombre, código postal: literal

COMANDO INICIO

Indica donde comenzarán las instrucciones, es obligatorio. Por ejemplo:

inicio

Escribir ("Esto es un algoritmo")

Comando Fin

Sólo sirve para indicar que el algoritmo ha terminado, es obligatorio.

ORIENTACIÓN A OBJETOS

La Orientación a Objetos es una metodología de análisis orientado a objetos, proyecto orientado a objetos y lenguaje de programación orientado a objetos para la programación de sistemas de software basados en la composición y la interacción entre diferentes unidades de software llamadas objetos.

En algunos contextos, se prefiere utilizar un modelo de datos orientado a objetos en lugar de un diseño orientado a objetos.

El análisis y diseño orientado a objetos tiene como objetivo identificar el mejor conjunto de objetos para describir un sistema de software. El funcionamiento de este sistema es a través de la relación y el intercambio de mensajes entre estos objetos.

Hoy en día existen dos aspectos en el diseño de sistemas orientados a objetos. El diseño formal, típicamente usando técnicas como UML y los procesos de desarrollo como RUP, y la programación extrema, que utiliza poca documentación, programación en parejas y pruebas unitarias.

En la programación orientada a objetos, se implementa un conjunto de clases que definen los objetos en el sistema de software. Cada clase determina el comportamiento (que se define en los métodos) y los posibles estados (atributos) de su objeto, así como la relación con otros objetos.

Smalltalk , Modula , Eiffel , Perl , Python , Ruby , PHP , C + + , Java , D y Vala son los lenguajes de programación más importantes con soporte a la orientación a objetos.

CONCEPTOS

- La **Clase** representa un conjunto de objetos con características similares. Una clase define el comportamiento de los objetos, a través de los métodos, y que estados es capaz de mantener, a través de los atributos.

Ejemplo de clase:

HUMANO es una clase y sus atributos son: 2 brazos, 2 piernas, 1 cabeza, etc...

- El **Objeto** es una instancia de una clase. Un objeto es capaz de almacenar estados a través de sus atributos y responder a las llamadas enviadas a él, a fin de relacionarse y enviar llamadas a otros objetos.

Ejemplo de objetos de la clase Humanos:

JOHN es un objeto de la clase HUMANO, con todos los atributos de esta clase, pero su individualidad.

Por lo tanto, el objeto es una discriminación de la clase, la clase debe ser una generalización de un conjunto de objetos idénticos o con la misma base.

- **Llamada o mensaje es una llamada a un objeto** para invocar uno de sus métodos, activando un comportamiento descrito por su clase.

- La **herencia** es el mecanismo por el cual una clase (subclase) puede extender de otra clase (superclase), aprovechando sus comportamientos (métodos) y los posibles estados (atributos). Hay herencia múltiple cuando una subclase tiene más de una superclase. Un ejemplo de herencia podría ser: MAMIFERO es superclase de HUMANO. Es decir, un ser humano es un mamífero.

- La **asociación** es el mecanismo por el que un objeto utiliza los recursos de otro. Puede ser una simple asociación "utiliza un" o una "parte de". Por ejemplo: Una persona usa un teléfono. La tecla "1" es parte de un teléfono.

- La **encapsulación** es la separación de los aspectos internos y externos de un objeto. Este mecanismo se utiliza ampliamente para evitar el acceso directo al estado de un objeto (sus atributos), apenas siendo accesibles los métodos que alteran estos estados.

Por ejemplo:
Usted no necesita saber los detalles de un circuito telefónico para usarlo. La cubierta del teléfono encapsula estos detalles, lo que le proporciona una interfaz de usuario más amigable (botones, señales de tono auricular y).

- La **abstracción** es la capacidad de centrarse en los aspectos esenciales de un contexto haciendo caso omiso de las características de menor importancia o accidentales. En el modelo orientado a objetos, una clase es una abstracción de entidades existentes en el dominio del sistema de software.

□ El **polimorfismo** permite que una referencia a un tipo de una superclase tenga su comportamiento cambiado de acuerdo a la instancia de la clase hija asociada con ella. El polimorfismo permite la creación de superclases abstractas, es decir, con los métodos definidos (declarados) y no implementados, donde la implementación se produce sólo en subclases no abstractas.

EJERCICIOS

Ejercicio 1

Verdadero o falso

Principio del formulario

1. No necesito otro programa al terminar mi código en C + +. Sólo tengo que ejecutarlo directamente en la máquina.

   ☐ Verdadero.

   ☐ Falso.

2. El ensamblador es un lenguaje muy accesible para el usuario final.

   ☐ Verdadero.

   ☐ Falso.

3. Los scripts son lenguajes dinámicos y se utiliza en intervenciones pequeñas, para no tener que utilizar el compilador.

   ☐ Verdadero.

   ☐ Falso.

4. Siempre tengo que escribir un algoritmo antes de empezar a escribir un programa en un lenguaje.

    ☐ Verdadero.

    ☐ Falso.

Final del formulario

Crear algoritmos

1. Crear un algoritmo para la siguiente frase:

"Si estuvieras en el estado A tienes que descifrar el código B y sumar 2 al resultado de B.
Si no fuera A ir al C y detener."

2. Descifre el siguiente al algoritmo:

IF Libro 1
GOTO Page 251
SUMA 2 NA Page = VAR
SALIDA VAR
ELSE Libro 2
GOTO Page 23
RESTAR 2 NA Page = VAR
SALIDA VAR

Soluciones

Verdadero o falso

Falso | 2. Falso | 3. Verdadero | 4. Falso

Crear algoritmos

1.

IF A
DECIFRAR B + 2 = VAR
ELSE
C
STOP

2.

"Si tienes el Libro 1, ve a la página 251, e muestra o valor de la suma entre la página y 2.
Si tienes el Libro 2, ve a la página 23, e muestra el valor de la resta entre la página e 2."

Ejercicio 2

Verdadero o falso

Principio del formulario

1. Una sentencia FOR es una instrucción básica.

   C   Verdadero.

   C   Falso.

2. Es necesario incluir una instrucción ELSE en un IF.

   C   Verdadero.

   C   Falso.

3. SWITCH es útil para loops.

   C   Verdadero.

   C   Falso.

4. Las variables guardan datos en la memoria para poder ser manipulados.

   C   Verdadero.

   C   Falso.

Final del formulario

Crear algoritmos

1. Cree un algoritmo para la situación de esta empresa:

"El problema encontrado por nuestros trabajadores es que al encargar una pieza de automóvil, introducir la marca y solicitar la dirección, el programa no detecta si el registro termina en X o en Y. Si termina en Y no podemos solicitarlo directamente. Tenemos que introducir el código de salida (que termina en 00 en 01 o en 02) para evitar el trabajo para las dirección A, B o C respectivamente."

2. Descifre el algoritmo presentado:

Y = " polígono"
E = " no"
GET X
IF X=0
 MOSTRAR "No se puede aceptar el número!"
END-IF
ELSE
 SWITCH X
  CASE 1: "Es un polígono"
  CASE 2: "No es un polígono"
  CASE 3: "Como puedo aceptar un polígono aquí?"
 END-SWITCH
END-ELSE

Soluciones

Verdadero o falso

Verdadero | 2. Falso | 3. Falso | 4. Verdadero

Crear algoritmos

1.

```
GET REGISTRO
IF REGISTRO=Y
 GET ESCAPE
 SWITCH ESCAPE
  CASE "00": A
  CASE "01": B
  CASE "02": C
 END-SWITCH
END-IF
```

2.

"El programa va a pedir X y si este fuera igual a cero va a decir que no puede aceptar ese número.
Se X es un uno va a responder que es un polígono, si es igual que dos va a decir que no lo es y si dice que es igual a tras va a preguntar como podría aceptar un polígono aquí."

Historia y Evolución de la Programación

En este capítulo se presenta un breve análisis de la historia y la evolución de los lenguajes de programación.

Ensamblador

El ensamblador fue desarrollado en los años 50 y fue de los primeros lenguajes de programación en aparecer. Utiliza una sintaxis complicada y difícil, y esto se debe a que, antes de la década de los 50, los programadores tenían que escribir las instrucciones en código binario, algo así como: 011001011001101101011001101011101011101...para escribir una instrucción. De hecho, el ensamblador fue creado para facilitar el uso de esta tarea pero se considera un lenguaje de bajo nivel, porque todo lo que interpreta el procesador tiene que ser escrito por el programador. Así el código anterior sería "añadir EAX" en ensamblador. Se requiere sólo después de ser terminado de escribir el código, ejecutar el compilador y ya tenemos el programa.

- **Ventajas**: programas muy rápidos y pequeños.

- **Desventajas**: tiempo de desarrollo lento y propenso a errores, código preso de una arquitectura.

FORTRAN

Fortran (Formula Translator) es un lenguaje de alto nivel que se creó para solucionar los problemas y las dificultades presentadas por el ensamblador. También apareció en los años 50 y era considerado uno de los mejores lenguajes de la época. Cuenta con varias funciones predefinidas e instrucciones que nos permiten ahorrar tiempo al escribir las instrucciones básicas del procesador, a diferencia del lenguaje ensamblador.

PASCAL

Otro idioma de alto nivel desarrollado en la década de los 60, bien estructurado pero con reglas muy estrictas, lo que hace que sea difícil de modelar para crear nuevas ideas. Es el típico lenguaje utilizado para iniciarse en programación. Actualmente entornos de desarrollo (IDE) como FreePascal, Kylix y Delphi son excelentes opciones para ser usados con Pascal.

- **Ventajas**: fuertemente tipado (bueno para los principiantes que no están muy familiarizados con la programación)

- **Desventajas**: impide ser creativos a los programadores más veteranos

COBOL

Era un lenguaje utilizado para la creación y estructuración de las bases de datos financieros en los años 60 y que todavía se utilizan para este tipo de servicios. En comparación con Pascal y ensamblador, este lenguaje es muy amigable y bastante asequible y actualmente sirve para muchas tareas.

LENGUAJE C.

Se podría decir que C es una de las maravillas de los lenguajes de programación. Muchos de los programas existentes en la actualidad están escritos en este lenguaje. C fue desarrollado en los Laboratorios Bell en los años 70 y tiene las siguientes características:

- Portabilidad entre máquinas y sistemas operativos

- Los datos compuestos en un formato estructurado

- Interacción total tanto con el sistema operativo como con la máquina

- Compacto y rápido

En los 80 fue el lenguaje más utilizado por los programadores por permitir la escritura intensiva de todas las características de los lenguajes anteriores. Los propios UNIX y Linux fueron escritos en C, así como el front-end de MS-DOS, de Windows, y las aplicaciones de oficina más utilizados en el mundo (OpenOffice.org, Microsoft Office, aunque cada una incluye sus propios scripts), también se utilizó en aplicaciones de gráficos y en la creación de efectos especiales en las películas Strar Trek y Star Wars.

- **Ventajas**: programas muy rápidos y pequeños.

- **Desventajas**: el tiempo de desarrollo lento y propenso a errores.

C++

Un lenguaje que suma a C un conjunto de recursos tal y como su nombre indica. C + + está orientado a objetos. En la década de los 90, fue objeto de varias actualizaciones y normas; el estándar de C + + ha sido ampliamente trabajado por los desarrolladores desde hace ocho años, cuando fue finalmente aprobado por ANSI. Varios proyectos como KDE (front-end para UNIX, Linux, BSD y recientemente para Windows) están escritos en C + +.

- **Ventajas**: programas muy rápidos y pequeños, protege contra algunos errores comunes en C.

- **Desventajas**: tiempo de desarrollo lento.

Java, C

Lenguajes en alza a finales de los años 90 y principios de 2000, tienen alto poder de abstracción y buenas capacidades de virtualización, lo que les da mucha independencia sobre la plataforma, aunque esta característica todavía se está mejorando.

- **Ventajas**: la facilidad de C / C + + y vínculos de patentes con las empresas que los desarrollan.

PHP

PHP apareció en 1994 y pretendía revolucionar el mercado de los lenguajes para la creación de scripts para Internet. Realmente es un lenguaje excepcional donde se permite hacer todo lo que hacen los CGI y aún más cosas. Para aquellos que quieran seguir la programación de aplicaciones web es el lenguaje a estudiar, junto con Perl, también se utiliza en la creación de herramientas para los sitios web.

- **Ventajas**: la facilidad de implementación y ejecución.

- **Desventajas**: cierta lentitud, depende del entorno en el que se ha instalado el servidor.

PERL, PYTHON, RUBY

Los ciclos de procesamiento y el ordenador son cada vez más baratos, mientras que el tiempo del programador y la creatividad son cada vez más caros. Por lo tanto, la tendencia actual en el mercado es la de promover lenguajes de alto nivel, menos optimizados para la máquina y más optimizados para el programador: lenguajes como Perl, Python y Ruby son lenguajes de programación de alto nivel, con un nivel de abstracción relativa alta, lejos de la máquina y más cerca de código de lenguaje humano.

- **Ventajas**: facilidad de aplicación y cumplimiento en relación a Java y C #

- **Desventajas**: más lento que los programas en C / C++

SIMILITUDES Y DIFERENCIAS

Las similitudes entre los diversos lenguajes son evidentes: la lógica binaria, sentencias if, else, goto, switch, etc... entre otros procesos. Sin embargo, es necesario tener en cuenta que la sintaxis básica de estos lenguajes es distinta y se requiere su aprendizaje. Para ello, el mejor lugar para aprender y mejorar son libros sobre la materia.

Lógica proposicional de Programación Lógica

La Lógica proposicional es un sistema lógico que busca formalizar la noción de la proposición, y como un conjunto de proposiciones puede ser creado mediante la combinación de propuestas para generar un resultado coherente que se puede aplicar para determinar si este conjunto es verdadero o falso. Es esencial para aprender los conceptos básicos de la lógica proposicional, ya que se basa en esta lógica lenguajes de programación estructurados para tratar de abstraer las decisiones que se toman en el mundo real.

Proposición

Cualquier proposición es una declaración de lo que hacemos, que puede tomar el valor de Verdadero (V) o Falso (F). Por ejemplo:

- "Hoy está lloviendo."
- "El sol es amarillo."
- "Usted está enfermo."

Ejemplos de no proposiciones

- "¿Va a salir hoy?".
- "Tal vez dejaré de fumar."

Para considerarse como una proposición, una sentencia debe ajustarse a las siguientes reglas básicas:

- Principio de no contradicción: una proposición no puede ser verdadera y falsa al mismo tiempo. Es decir, si tenemos una propuesta: Está lloviendo, debe ser verdadero o falso (está lloviendo o no está lloviendo) y nunca ambos al mismo tiempo.

- Principio del tercero excluido: una proposición debe ser verdadera o falsa, no puede haber una tercera posibilidad. Es decir, si tenemos una proposición de la luna es cuadrada, la proposición debe ser verdadera o falsa, no debe ser un "más o menos".

Es importante entender el concepto de la proposición para la programación, porque en general, los equipos de procesamiento de datos deben estar dispuestos de forma lógica, a lo largo del valor asociado (verdadero o falso) de estas estructuras, para hacer un programa u otra acción.

CONEXIONES LÓGICAS

En la lógica de proposiciones, para facilitar la construcción de estructuras proposicionales, cada proposición puede ser representada por una letra minúscula cualquiera en lugar de utilizar toda la proposición. Por lo tanto, en lugar de utilizar una sentencia como "El árbol es alto", podemos utilizar una letra (por ejemplo, la letra p para representarla). Siempre que usted necesite utilizar "El árbol es alto," no vamos a necesitar reescribir toda la frase, sino que utilizaremos la letra p.

A toda proposición que es simple la llamamos elemento o átomo. Combinamos un conjunto de proposiciones simples usando conectores lógicos. Hay muchos tipos diferentes de conectores lógicos, pero en este libro vamos a aprender a utilizar los tres conectores básicos: la negación (NOT), conjunciones (AND) y disyunción (OR).

VERDAD-TABLAS

Las tablas de verdad es el nombre que se dan a las tablas lógicas que determinan todos los posibles resultados de las combinaciones de Verdadero o Falso en una estructura proposicional propuesta. Estos existen para facilitar la comprensión de los resultados obtenidos cuando se asocia un valor V o F para una propuesta. Así que para saber el resultado, simplemente viendo qué valor asociamos a cada propuesta, nos fijamos en la tabla y veremos el resultado en la última columna.

Negación (NOT)

La negación de una proposición significa la inversión de su valor. El símbolo de la negación es ~, para negar un valor de una proposición la asociamos con el símbolo delante de la proposición que queremos negar. Para entender la lógica de esta conexión, imaginemos que tenemos la siguiente proposición: Hoy está lloviendo, representada por p. Su negación, es ~ p, lo que significa que hoy en día no está lloviendo. Pero si p es verdadero, ~ p es falsa, y viceversa. Así, en el análisis de todos los posibles valores de p, vemos que para cada valor asociado en p tiene su negación.

p	~P
V	F
F	V

Conjunción (Y)

La conjunción de dos proposiciones significa que el conjunto sólo será verdadero si todas las proposiciones que son verdaderas son las articulaciones. De lo contrario, si al menos un elemento es falso, toda la estructura se convierte en falsa. El símbolo utilizado para representar este valor es ^. Para entender la lógica de esta conexión, imaginemos que tenemos la siguiente proposición: Hoy está lloviendo hoy y María se quedó en casa. Si representamos la primera proposición como p y la segunda como q, podemos representar la conjunción de las dos proposiciones de la forma p ^ q, lo que significa hoy está lloviendo hoy y María se quedó en casa. La frase completa es verdadera sólo si las dos proposiciones que la componen son verdaderas: si alguno (o ambos) es falso, toda la frase se convierte en falsa.

p	q	p ^ q
V	V	V

V	F	F
F	V	F
F	F	F

Disyunción (OR)

La disyunción de dos proposiciones significa que el conjunto es verdadero si al menos una de las proposiciones es cierta. El símbolo utilizado para representar la disyunción es V. Para entender la lógica de esta conexión, imaginemos que tenemos la siguiente proposición: Hoy está lloviendo y hoy María se quedó en casa. Si representamos la primera proposición como p y la segunda como q, podemos representar la disyunción entre las dos proposiciones en la forma p V q, lo que significa que hoy está lloviendo y hoy María se quedó en casa. Sólo una de las frases tiene que ser cierta para que cualquier frase sea verdadera.

p	q	pVq
V	V	V
V	F	V
F	V	V
F	F	F

COMBINANDO LAS PROPOSICIONES

Hasta ahora, hemos visto las combinaciones entre dos proposiciones. Sin embargo, podemos combinar tres o más proposiciones. El cálculo de los valores lógicos sigue siendo el mismo. Por ejemplo, imagine la siguiente estructura:

$$p \wedge q \vee r$$

¿Cuál sería el valor lógico de la frase? Visualice la tabla de la verdad de $p \wedge q$ donde $p = V$ y $q = F$, el resultado es F. Así que nos vamos a la segunda parte: si tenemos $p \wedge q$ es F r es F, vemos que FvF es F. Por lo tanto, $p \wedge q \vee r$ es False. Los paréntesis son necesarios para definir las prioridades de cálculo, los utilizamos como en los cálculos estándar. Por lo tanto, si tenemos $(p \wedge q \vee (\sim r \wedge q))$ significa que $(q \wedge \sim r)$ debe ser calculado antes que el resto.

ALGORITMOS DE CONSTRUCCIÓN UTILIZANDO LA LÓGICA DE PROGRAMACIÓN

Cada vez que escribimos código en un lenguaje de programación, no podemos escribir "lo que queramos". La información escrita debe ser organizada con el fin de "ordenar" a la computadora lo que tiene que hacer. Por lo tanto, para escribir un programa informático, escribimos los algoritmos que indican a la computadora lo que tiene que hacer de acuerdo a las reglas establecidas por las reglas del lenguaje de programación. Pero a pesar de que los lenguajes varían, los algoritmos son esencialmente los mismos.

Un algoritmo es un conjunto de instrucciones organizadas con el fin de alcanzar un objetivo. Imaginemos que nos vamos a duchar. ¿Como describiría paso a paso la acción de ducharse? Veamos un ejemplo:

- Desnudarse
- Abrir la ducha
- Mojarse
- Enjabonarse el pelo
- Enjabonarse el cuerpo
- Enjaguarse el cabello
- Enjaguarse el cuerpo
- Cerrar la ducha.

Hay otras maneras de escribir un algoritmo. Un algoritmo puede ser "como hacer un pastel", "como hacer un examen de matemáticas", etc. También es importante que el algoritmo sea simple, es decir, que no contenga elementos innecesarios, que sea detallado, es decir, que sus declaraciones no sean demasiado genéricas, y que no sean ambiguos, es decir, que no den lugar a interpretaciones dudosas. Para escribir los algoritmos de una manera más "adecuada" para que cumplan nuestros objetivos, lo mejor es trabajar cada estructura lógica paso a paso como hemos visto antes.

COMO ESCRIBIR UN ALGORITMO

Nuestro "baño" es un algoritmo escrito para sea fácilmente entendido por la mayoría de los seres humanos que habla español. Hay varias maneras convenientes o inconveniente para escribir un algoritmo en función de la necesidad que tengamos. Cuando estamos "creando" un algoritmo que vamos a traducir a un lenguaje de programación, existen dos formas muy comunes de representación: los diagramas de flujo y el pseudocódigo.

Vamos a utilizar estas clases para el pseudo-código.

El Pseudocódigo es el nombre que se le da a un algoritmo cuando se escribe paso a paso de una manera lógica, y además, como si fuera un lenguaje de programación. El pseudocódigo no es la programación en sí, sino una manera de escribir un algoritmo para facilitar la posterior conversión a cualquier lenguaje. En España y en los países de habla española, el pseudo-código también es conocido como la estructura española, ya que utilizamos nuestro vocabulario del día a día para su creación. Es importante destacar que existen diferentes métodos para escribir el pseudo-código, que normalmente se basa en el lenguaje de programación para el que vamos a hacer la posterior conversión. Otro método común de representación de algoritmos es la construcción de diagramas de flujo, que son conjuntos de dibujos en los que cada formato representa una orden diferente. Este modelo es más utilizado en los proyectos relacionados con la ingeniería de software.

LA CONSTRUCCIÓN DE UN ALGORITMO EN PSEUDOCÓDIGO

Nuestro algoritmo en pseudocódigo tiene la siguiente estructura:

1: Algoritmo Nombre Algoritmo

2: COMIENZO

3: algoritmo en sí

4: END

En la línea 1, tenemos el algoritmo de marcado y el Nombre Algoritmo. Así que el algoritmo que hemos creado lo podemos llamar "ALGORITMO Bañarse". Pero ¿por qué escribir esto? Para facilitar la creación y composición de los nombres, para ello podemos seguir las siguientes normas:

- No utilizar espacios entre las palabras;
- No utilizar números al comienzo de los nombres;
- No utilizar caracteres especiales en los nombres (por ejemplo, ~„ * &% $ # @).

Para montar nuestros algoritmos, debemos adoptar algunas reglas:

- Vamos a hacer todos los pasos de un algoritmo en una fila
- En cada paso, vamos a poner un punto y coma para terminar la línea (;). Esto facilitará la lectura para saber cuando termina una instrucción y la siguiente.
- El algoritmo debe tener un fin.
- El algoritmo no puede disponer de comandos ambiguos, es decir, todo se debe establecer con precisión y sin posibilidad de interpretaciones erróneas.

Ahora vamos a incorporar estas reglas en nuestro algoritmo "bañarse":

ALGORITMO Bañarse

COMIENZO

Desnudarse;

Abrir la ducha;

Mojarse;

Enjabonarse el pelo;

Enjabonarse el cuerpo;

Enjuagarse el pelo;

Enjuagarse el cuerpo;

Cerrar de ducha;

FIN

Para iniciar la estructuración de nuestros algoritmos de una manera que se entienda mejor para los lenguajes de programación, es importante saber cómo estructurar sus algoritmos de una manera sencilla, obedeciendo a las etiquetas de inicio y de finalización. Dichas marcas, en el lenguaje de programación en sí, dicen cuando comienza una instrucción y cuando termina.

DATOS

Dentro del programa, el concepto de datos es esencial para la creación de algoritmos. Un dato es un valor manipulado por un algoritmo. Al escribir en un teclado, al utilizar un ratón, al hacer un cálculo, o al capturar una imagen en nuestro monitor, estamos trabajando con datos. Por lo tanto, la información de datos se organiza para permitir la entrada, el procesamiento y la salida mediante un algoritmo. Cuando hacemos la suma de 1+1=2, tenemos dos datos (1 y 1), se realiza un cálculo, y se arrojan nuevos datos (2).

En los ordenadores, los datos se trabajan en código binario. Pero los ordenadores funcionan de una manera diferente a los seres humanos: sus recursos de memoria son limitadas y deben los algoritmos deben estar bien elaborados para no generar conflictos en el momento de registrar la información, los datos no se trabajan directamente. Antes de utilizar cualquier información, la computadora reserva un espacio en su memoria, y entonces coloca los datos en este marcador de posición y realiza los cálculos. De manera parecida a los libros de una estantería: hay que dejar espacio en los estantes para "acomodar" los libros que queremos. Para facilitar la comprensión de como funciona un equipo, imagine la cuenta anterior (1+1=2).

▪ En primer lugar el ordenador se reserva un espacio para el resultado. Vamos a llamar a este espacio RESULTADO.

RESULTADO

▪ En segundo lugar, el equipo se reserva un espacio para el primer número, que llamaremos PRIMERNUMERO.

PRIMERNUMERO RESULTADO

- En tercer lugar, el equipo se reserva un espacio para el segundo número, que llamamos SEGUNDONUMERO.

RESULTADO PRIMERNUMERO SEGUNDONUMERO

- En cuarto lugar, le decimos al equipo que el primer número es igual a 1 y el segundo número es también igual a 1.

RESULTADO PRIMERNUMERO SEGUNDONUMERO

PRIMERNUMERO = 1

SEGUNDONUMERO = 1

- En quinto lugar, establecer el cálculo entre los dos números, asociando el resultado RESULTADO al marcador de posición:

RESULTADO PRIMERNUMERO SEGUNDONUMERO

PRIMERNUMERO = 1

SEGUNDONUMERO = 1

RESULTADO = PRIMERNUMERO + SEGUNDONUMERO

Aquí tenemos que distinguir dos cosas importantes:

- Siempre tenemos que reservar espacio para todos los datos utilizados en el programa para calcular. Esta reserva de espacio se llama la declaración de datos.
- Asociamos un valor usando del signo =. Por lo tanto, el resultado anterior recibe el valor de la suma de los dos números. Si queremos asociar un valor único sólo tenemos que poner el valor después del =.
- El primer valor (antes del =) recibirá el valor de cualquier acción que realizamos después del =. Así, por ejemplo, una resta toma la siguiente forma: RESULTADO = PRIMERNUMERO - SEGUNDONUMERO o en una multiplicación sería RESULTADO = PRIMERNUMERO * SEGUNDONUMERO.

Nuestro algoritmo para 1+1=2, sería parecido a lo siguiente:

Sumar Algoritmo

COMIENZO

RESULTADO;

PRIMERNUMERO;

SEGUNDONUMERO;

PRIMERNUMERO = 1;

SEGUNDONUMERO = 1;

RESULTADO = SEGUNDONUMERO + PRIMERNUMERO;

FIN

Acaba de definir el nombre de los datos que se utilizarán en el programa, pero necesitamos más datos. Tenemos que saber primero si los datos son una constante o una variable, y qué tipo de datos se está trabajando.

CONSTANTES Y VARIABLES

Una constante es un hecho que nunca cambiará su valor a lo largo del algoritmo. En el ejemplo anterior, PRIMERNUMERO, SEGUNDONUMERO y RESULTADO son constantes. Pero imagine que el algoritmo anterior puede añadir cualquier número en vez de los dos números que hemos insertado, es decir, que no realice sólo la operación 1+1. En este caso tenemos una variable dada.

En primer lugar, vamos a aprender una instrucción: READ. El comando de lectura significa que el equipo aceptará un valor desde el teclado, para asocialo como espacio separado y luego hacer el cálculo. Esto significa que podemos hacer cualquier cálculo con cualquier número introducido, ya que será recibido por READ.

Sumar Algoritmo

COMIENZO

RESULTADO;

PRIMERNUMERO;

SEGUNDONUMERO;

READ PRIMERNUMERO;

READ SEGUNDONUMERO;

RESULTADO = SEGUNDONUMERO + PRIMERNUMERO;

FIN

Pero si esta posibilidad existe, ¿por qué tenemos que utilizar constantes? Las constantes sólo son útiles cuando no necesitamos cambiar el valor de los datos nunca. Supongamos que queremos añadir siempre 10 al primer número, por cualquier razón. Así, podemos reconstruir el algoritmo como:

Suma Algoritmo

COMIENZO

RESULTADO;

PRIMERNUMERO;

SEGUNDONUMERO;

READ PRIMERNUMERO;

SEGUNDONUMERO = 10;

RESULTADO = SEGUNDONUMERO + PRIMERNUMERO;

FIN

TIPOS DE DATOS

El algoritmo anterior es más parecido a un algoritmo de programación, pero todavía es muy sencillo e incompleto. ¿Y si en lugar de escribir un número en el comando READ PRIMERNUMERO, tecleásemos una letra? En estos casos, cuando declaramos una variable, también debemos decirle el tipo de datos que recibimos. Pero podemos hacer más todavía, cuando decimos el tipo de datos asociado a un hecho, estamos estableciendo límites para contar la cantidad de espacio que queda reservado para estos datos. Sin embargo, si un hecho va a ocupar un tamaño máximo de 9 números, como un teléfono móvil, ¿Porqué dejar espacio para 20 números? Es necesario estimar y limitar el tamaño de las variables para no provocar un mal uso de los recursos informáticos.

Otro ejemplo para determinar la importancia de declarar el tipo de un hecho, es que la suma anterior, se puede sumar 1+1, pero nuestro programa puede calcular ¿34165631341 + 895647365645?

Los tipos de datos más básicos son:

- Largo: Los datos pueden recibir cualquier valor numérico entero positivo o negativo. Por ejemplo, las cifras como 1,2565, 3.124.587 o -5 se pueden representar sin mayores problemas.

- Real: los datos pueden recibir cualquier valor de número real positivo o negativo. Este tipo de datos se utiliza principalmente para la representación de números con decimales. Así podemos representar valores como 0.5, 25.6352, -639.5214, entre otros.

- Texto: los datos pueden recibir cualquier valor alfanumérico, además de caracteres especiales. En estos casos, este tipo de datos no pueden participar en los cálculos ordinarios.

- Lógico (booREADnos): los datos tienen valores de 0 (FALSE) o 1 (TRUE), y sólo estos valores.

Para declarar el tipo de un dato (constante o variable), se utiliza la estructura de Nombre de variable: Tipo. Para realizar cualquier operación entre los datos, estos deben ser del mismo tipo. Por lo tanto, los enteros se calculan sólo con números enteros, y sus resultados son números enteros, y así sucesivamente. En el algoritmo anterior, haremos un cambio:

Sumar Algoritmo

COMIENZO

RESULTADO: INTEGER;

PRIMERNUMERO: INTEGER;

SEGUNDONUMERO: INTEGER;

READ PRIMERNUMERO;

SEGUNDONUMERO = 10;

RESULTADO = SEGUNDONUMERO + PRIMERNUMERO;

FIN

Para cerrar este contenido, veremos un nuevo comando WRITE. Este comando servirá para "mostrar" ciertos datos en nuestra pantalla de ordenador. Imaginemos que queremos mostrar el resultado del cálculo en la pantalla del ordenador, después escribimos dos números y hacemos clic. Vamos a hacer el siguiente cambio:

Suma Algoritmo

COMIENZO

RESULTADO: INTEGER;

PRIMERNUMERO: INTEGER;

SEGUNDONUMERO: INTEGER;

READ PRIMERNUMERO;

SEGUNDONUMERO = 10;

```
RESULTADO = SEGUNDONUMERO + PRIMERNUMERO;

WRITE RESULTADO;

FIN
```

Datos numéricos y de texto en la lógica de programación

Composición de los nombres de constantes y variables

Volviendo a nuestro algoritmo que realiza la suma de dos números y devuelve un resultado:

Suma Algoritmo

COMIENZO

RESULTADO: INTEGER;

PRIMERNUMERO: INTEGER;

SEGUNDONUMERO: INTEGER;

READ PRIMERNUMERO;

SEGUNDONUMERO = 10;

RESULTADO = SEGUNDONUMERO + PRIMERNUMERO;

WRITE RESULTADO;

FIN

Creamos (declarar) tres datos llamados RESULTADO, PRIMERNUMERO y SEGUNDONUMERO. En lugar de utilizar estos nombres, podríamos haber puesto el nombre que desee. Sin embargo, una buena recomendación es que los nombres sean fáciles de recordar, ya que usted probablemente tendrá que usar esto muchas veces durante un código, que sean adecuados para el código y obedezca a las reglas siguientes:

▪ Los nombres de las variables y de las constantes no pueden contener espacios en blanco: Por ejemplo, no se puede declarar como números primos, Nombre Cliente o similares. Podemos declarar como NUMEROPRIMO, NOMBRECLIENTE, y en cualquier caso que no tenga espacios en blanco entre las palabras.

▪ Los nombres de las variables y de las constantes no pueden empezar por un número, es decir, un nombre siempre debe comenzar con una letra entre la a y la z. Por ejemplo, 1NUMEROPRIMO.

▪ Los nombres de las variables y de las constantes no pueden contener caracteres especiales (como ç, ~, ', %, $, -, etc): Por lo tanto, no se puede declarar un dato llamado OPCIÓN. Si quieres algo parecido lo podría declarar como OPCION. El único carácter especial que se acepta en los nombres de las variables y de las constantes es la parte inferior _.

▪ Los nombres de las variables y de las constantes son CASE SENSITIVE, es decir, se distingue entre las mayúsculas y las minúsculas. Por ejemplo, si se declara un punto de datos como OPCION y aparece más adelante como opcion, tenga en cuenta que el programa los tratará como datos diferentes. Una buena recomendación, que será utilizada en este libro es que todos los datos tienen sus nombres escritos en mayúsculas.

▪ Los nombres de las variables y de las constantes no pueden ser palabras reservadas: Las palabras reservadas son los nombres que damos a las palabras que el lenguaje de programación usa para otras funciones. Para nosotros, consideramos las palabras reservadas cada declaración que aprendemos o usamos, como ALGORITMO, COMIENZO, READ, WRITE, INTEGER, entre otros.

COMENTAR ALGORITMOS

Cuando escribimos un algoritmo, la idea es que esto sea claro y fácil de leer, no sólo para los demás sino para nosotros mismos. Después de todo, podemos tener una idea de cómo resolver un problema, y después de un tiempo no recordar o entender la estructura que había propuesto. Todos los lenguajes de programación proporcionan un recurso para comentar el código, que es un comando que nos permite escribir lo que queramos, pero que después no serán interpretado por el programa. En pseudocódigo utilizamos llaves {} para los comentarios, todo lo que se coloca dentro de las llaves se considera un comentario y no serán considerados por el algoritmo.

Sumar Algoritmo

COMIENZO

RESULTADO: INTEGER; {esta variable recibe la suma de un número introducido y de un segundo número}

PRIMERNUMERO: INTEGER;

SEGUNDONUMERO: INTEGER;

READ PRIMERNUMERO; {aquí recibido el valor que el usuario escribe en el teclado}

SEGUNDONUMERO = 10; {establece que el segundo número es 10}

SEGUNDONUMERO = PRIMERNUMERO + SEGUNDONUMERO; {la suma se lleva a cabo aquí}

RESULTADO WRITE; {aquí muestra en la pantalla el cálculo realizado}

FIN

ASIGNACIÓN DE VALORES A LAS VARIABLES Y A LAS CONSTANTES

Las variables y las constantes como vimos anteriormente son espacios en la memoria del ordenador que pueden recibir información del tipo seleccionado. Podemos modificar esta información cuando lo requiera nuestro algoritmo. Esta asignación se realiza mediante el signo =, con la siguiente estructura:

Variable o constante = valor a ser recibido;

La cantidad recibida se puede ser un número (en el caso del tipo de datos ENTERO o REAL), de texto (en los casos de tipo texto) o lógico (1 y 0). En los casos de los tipos numéricos, el valor que recibirá también puede ser una expresión matemática, lo que conduce a un valor que se asignará a la variable.

MATEMÁTICAS

Se puede realizar cualquier operación matemática entre los datos numéricos del mismo tipo (enteros con enteros, reales con reales, etc...). El como realizar estos cálculos es algo muy similar a lo que ya hemos visto anteriormente, donde separamos los espacios para el resultado y para los operandos. Los símbolos de las operaciones básicas que se pueden utilizar son:

Operación	Símbolo
Suma	+
Resta	-
Multiplicación	*
División	/
Potenciación	^

El resto de la división	%

Por lo tanto, utilizamos los símbolos de la siguiente manera, teniendo como ejemplos a tres variables numéricas A, B, C, donde A = 2, B = 3 y C almacena el resultado en el que:

- C = A + B (C recibe la suma de A más B, o C 3 = 2, y C = 5)

- C = A - B (C recibe la resta de A-B o C = 2-3, y C = -1)

- C = A * B (C recibe la multiplicación A * B = 2 o C 3 y C = 6)

- C = A / B (donde el divisor debe ser un número distinto de 0, ya que no hay división por 0. Este caso, el C recibe A dividido por B, o C = 3/2, y C = 0.66666666666666666666666666666667).

¿Las dos últimas operaciones expuestas en la tabla no son muy comunes para el público en general, ya que no se utilizan para resolver muchos de los problemas de la vida cotidiana:

- C = A ^ B (C recibe la potencia de A ^ B, o C = 2 ^ 3 donde C = 8).

- A% B = C (C recibe el resto de la división entre A y B. En el caso asociado a A = 5 y B = 2. A / B es igual a 2, sobrando 1. C recibe el valor de 1).

Al igual que en las matemáticas comunes, podemos combinar varios operadores en una sola expresión. Por ejemplo, podemos hacer sin ningún problema C = A + B / B, o incluso añadir varias variables y constantes: C = A + B * DG, por ejemplo. Hay varias operaciones que se realizan primero, la potenciación luego la división, luego la multiplicación, y, finalmente, el resto y la suma. Si necesita realizar un cálculo antes que otro que no cumpla con esta norma, utilizamos paréntesis para determinar el orden de prioridad. Por ejemplo, si C = (A + B) * D, primero será la suma de A + B y el resultado será la multiplicación de la suma D. En otro ejemplo, C = ((A + B) * (D + E)) / 5, primero se efectuará la suma de A + B y D + E, y los resultados se multiplicarán, y luego dividirán el resultado por 5.

TRABAJAR CON VARIABLES DE TEXTO

Se habrá dado cuenta de que trabajar con las variables numéricas no tiene muchos secretos. Pero las variables de tipo texto, no trabajan igual. Estas variables son diferentes porque aceptan no sólo números, sino caracteres alfabéticos (letras), y pueden formar conjuntos de caracteres (cadenas). Por lo tanto, este tipo de variables aporta un enfoque diferente en su trabajo. En primer lugar, las declaraciones de variables de tipo texto, establecen un límite en el número de caracteres que se pueden introducir. Esto ocurre por un problema de espacio. Cuando declaramos una variable de número entero, el tipo real, o lógico, obtenido con la misma cantidad de bytes, representa cualquier número. Generalmente cualquier entero puede representarse por medio de 4 bytes, un real con 4 bytes y un valor lógico con 1 byte. Sin embargo, en los tipos de texto, la equivalencia es de

1 byte por 1 carácter (letra). Así que si no consideramos esta limitación, podríamos consumir toda la memoria de la computadora. Cuando estamos seguros del tamaño del campo de texto, por ejemplo AB son siempre dos caracteres, fijamos el tamaño del número exacto tenemos la intención de utilizar. Cuando no lo sabemos, estimamos un límite razonable y establecemos ese tamaño, por ejemplo, un campo de tipo nombre puede tener un valor entre 60 y 100. Pocos nombres superarán este límite. El límite del tamaño de los datos se coloca entre paréntesis después del tipo de texto que se declara. Ejemplo:

AB: TEXTO (2)

NOMBRE: TEXT (60)

Una ventaja cuando se trabaja con textos, es que la mayoría de los textos utilizados en la programación se pueden insertar directamente en el WRITE de nuestro algoritmo.

Volviendo a nuestro algoritmo anterior. Imaginemos que queremos no sólo mostrar en la pantalla el resultado de la suma, sino que también vamos a escribir "la suma es", seguido por el número:

Sumar Algoritmo

COMIENZO

RESULTADO: INTEGER;

PRIMERNUMERO: INTEGER;

```
SEGUNDONUMERO: INTEGER;

READ PRIMERNUMERO;

SEGUNDONUMERO = 10;

RESULTADO = SEGUNDONUMERO + PRIMERNUMERO;

WRITE "La suma es" RESULTADO;

FIN
```

Es importante tener en cuenta que cuando usamos el texto, este debe ir entre comillas dobles. Por lo tanto, todo lo que está dentro de las comillas se considerará como texto. Dentro de estas citas puede escribir y utilizar los caracteres que queramos, incluyendo caracteres especiales y espacios en blanco. Los números también se pueden utilizar, pero estos textos no se pueden calcular. Así que si escribimos "1", no puede ser utilizado para expresiones matemáticas.

Pero, ¿Cuando un texto se convierte en un dato? Cuando este podría cambiar dentro de nuestro algoritmo. Imaginemos una necesidad diferente. Queremos mostrar el nombre de una persona y su edad en la pantalla de ordenador. Así que cada vez que nuestro algoritmo se ejecuta, el nombre de la variable y la edad se modificarán. Para capturar el nombre, vamos a declarar una variable de tipo texto como el que vimos anteriormente, vamos a asociar la variable de la misma manera que asociamos un valor en los tipos numéricos. La diferencia básica es que el tipo de datos de texto no se puede calcular con los datos de tipo numérico. Veamos un ejemplo:

ALGORITMO MostrarNombreEdad

COMIENZO

EDAD: INTEGER;

ANIONACIMIENTO: INTEGER;

NOMBRE: TEXT (60); {introducir nombres que no excedan de 60 letras}

SHOW "escriba su nombre:"; {Le mostramos un texto que pide al usuario que introduzca su nombre}

READ NOMBRE, {recibe el nombre}

SHOW "escriba su año de nacimiento:"; {pedimos que introduzca su año de nacimiento}

READ ANIONACIMIENTO; {leemos el año del nacimiento}

EDAD = 2010 - ANIONACIMIENTO; {calculamos la edad}

WRITE "Su nombre es" NOMBRE "y tiene" EDAD "años", {aquí se muestra el resultado}

FIN

OPERACIONES LÓGICAS Y PROCESAMIENTO CONDICIONAL

En el ejemplo anterior creamos un algoritmo que trabaja con los resultados de datos y con la visualización en la pantalla. Sin embargo, lo que hemos visto hasta ahora son funciones muy básicas que las calculadoras de mano realizan sin ningún problema. Ahora comenzamos el estudio de las estructuras de toma de decisiones y el procesamiento condicional, que son el núcleo de la programación lógica. Para esto usted debe haber entendido bien tanto los conceptos de la lógica como la introducción a los algoritmos. Para poder crear mejores algoritmos, vamos a tomar unas cuantas reglas más para su composición y para una mejor visualización:

▪ Las variables y las constantes continúan siendo escritas en letras mayúsculas.

▪ Las palabras reservadas comienzo, fin y algoritmo (algoritmo, Comienzo y Fin) tendrán la primera letra en mayúscula, por tanto, como el nombre del algoritmo;

▪ Los controles internos tienen sus nombres escritos en letras minúsculas.

OPERACIONES LÓGICAS

En la lección anterior, aprendimos cómo crear expresiones matemáticas para establecer el valor de las variables y hacer cálculos sencillos. Algoritmos de ahora vamos a aprender a utilizar otras expresiones, que son las operaciones lógicas. Son los mismos principios que vimos en la Parte 2, haciendo comparaciones entre los valores, y el establecimiento de si la condición es verdadera o falsa. Primero establecemos los operadores lógicos disponibles, utilizando como ejemplo, dos variables A y B:

Operador	Valor	Expresión	Descripción
>	Más	A> B	A mayor que B
> =	Mayor o igual	A> = B	A mayor o igual a B
<	Menos	A	A menos de B
<=	Menor o igual que	A <= B	A menor o igual a B
==	Igual	A == B	A es igual a B
	Diferente	AB	A no-B
&	y	A & B	A y B
||	Oregón	A || B	A o B
!	NO	!A	No A (negación)

Cuando hacemos una operación lógica como por ejemplo A> B, estamos haciendo una comparación entre los valores de A y de B, y esta comparación debe ser verdadera o falsa. A partir del valor obtenido (verdadero o falso) lo que hará nuestro algoritmo es ejecutar algún comando. Si por ejemplo, A = 5 y B = 3, la expresión A> B es verdadera. Pero a diferencia de las expresiones matemáticas, usamos esta comparación no para asociarla con un dato, sino para "activar" las estructuras lógicas como vemos a continuación. Las operaciones lógicas pueden utilizar cualquier tipo de datos, ya que los datos comparados son del mismo tipo.

Como hemos visto en la lógica y en las expresiones matemáticas, las operaciones lógicas se pueden combinar con el valor lógico general establecido por los valores lógicos de cada componente que constituye la expresión. Las prioridades de funcionamiento también están determinadas por el uso de paréntesis, como en las expresiones matemáticas.

IF ... THEN ... ELSE

La estructura if ... then ... else es lo que llamamos una estructura condicional simple. Se establece una condición, y ofrece una respuesta a esta condición si es cierta o falsa. Un ejemplo común de esto es el uso de, por ejemplo, si llueve mañana me quedaré en casa y si no llueve saldré de casa. En nuestro algoritmo, la estructura condicional será diferente. Se parece a:

si condición, entonces

ejecutar si se da la condición

sino

ejecutar si la condición no se produce

fin;

Por lo tanto, nuestro algoritmo de lluvia se ve de la siguiente manera:

si llueve mañana, entonces

Me quedaré en casa

sino

Voy a salir

fin;

Lógicamente, tenemos que definir este algoritmo para estructurarlo para la comprensión de la computadora. Para ver si está lloviendo o no, vamos a crear una variable de tipo lógico que si está lloviendo, será marcado en 1 (verdadero), y si no llueve se marcará 0 (falso):

Algoritmo SalirLloviendo

Comienzo

LLUEVEMANIANA: LÓGICO;

LLUEVEMANIANA = 1;

si LLUEVEMANIANA = 1, entonces

WRITE "Me quedaré en casa";

sino

WRITE "Voy a salir";

fin;

Fin

Arriba ponemos un valor dentro de nuestro algoritmo. Esto nos será de mucha ayuda para la mayoría de nuestras necesidades. Pero nosotros proponemos un nuevo algoritmo: tenemos que recibir una calificación de un estudiante. Si esta nota es inferior a 3, el estudiante recibe lo que está en suspendido. Si la nota es mayor que 3 y menor de 6, el alumno está en recuperación. Si la puntuación es superior a 6, el estudiante está aprobado.

Algoritmo NotaAlumno

Comienzo

CALIFICACIONES: REAL;

WRITE "Escribe la nota";

```
READ CALIFICACIONES;

CALIFICACIONES Si <3, entonces

WRITE "suspenso";

sino

CALIFICACIONES Si> = 3 & CALIFICACIONES <6 entonces

WRITE "Está en recuperación";

sino

WRITE "Ha aprobado";

fin;

fin;

Fin
```

CREACIÓN DE VECTORES Y MATRICES

Vectores (arrays)

Hasta ahora hemos visto muchos ejemplos de como construir estructuras y algoritmos simples. Pero, ¿qué pasa si tenemos que registrar un colegio con 500 alumnos y sus calificaciones? Por lo que hemos aprendido hasta ahora, tendremos que crear 500 grupos de estudiante y el Calificador, que sin duda le dará una gran cantidad de variables de trabajo. En este sentido, podemos utilizar vectores para facilitar la escritura de algoritmos. Un vector es una variable que le permite agrupar los datos del mismo tipo bajo un mismo nombre.

Aprendimos que cuando creamos una variable, se crea un espacio en la memoria para almacenar los datos. Si creáramos:

NUMERO: INTEGER;

NUMERO = 5;

NUMERO= 4;

Reservamos un espacio en la memoria que llamamos NUMERO, y luego ponemos el valor de 5 en este espacio. Poco después, eliminamos el valor 5 y ponemos un valor de 4. Esto se debe a que estamos trabajando con el mismo espacio de memoria. Pero si queremos almacenar varios valores del mismo tipo, sin destruir los valores anteriores, podemos utilizar un vector que tiene el mismo nombre pero asignará espacios diferentes según el tamaño que especifica el programador. La declaración de una matriz es la siguiente:

Nombre vector: array [tamaño]: Tipo de vector;

El tamaño especifica cuántos datos del mismo tipo se pueden almacenar en el vector. Para una mejor comprensión, imaginemos que necesitamos registrarse a tres estudiantes y sus calificaciones. En lugar de declarar NOMBRE1, NOMBRE2, NOMBRE3, crearemos un vector que se llamará NOMBRE y almacenará los 3 nombres. La declaración de un vector es igual a como se declara una variable y tiene la siguiente estructura:

En nuestro caso, utilizamos:

NOMBRE: Vector[3] texto (60);

Eso quiere decir que creamos un vector llamado NOMBRE con 3 variables internas de tipo texto con un máximo de 60 caracteres. Vamos a hacer lo mismo con la variable CALIFICACIONES. Entonces, cada vez que tenemos que utilizar cada una de las tres variables, las llamaremos con la forma NOMBRE[Posición]. Vamos a construir el algoritmo para comprender mejor:

Algoritmo Estudiante

Comienzo

NOMBRE: Vector [3]: Texto (60);

CALIFICACIONES: vector [3]: real;

WRITE "Introduzca el nombre del primer estudiante y su respectiva calificación";

read NOMBRE[0];

read CALIFICACIONES [0];

write "Introduzca el nombre del segundo estudiante y su respectiva calificación";

read NOMBRE[1];

read CALIFICACIONES [1];

write "Introduzca el nombre del tercer estudiante y su respectiva calificación";

read NOMBRE[2];

read CALIFICACIONES [2];

Fin

En el algoritmo anterior, cuando le pedimos el nombre, asociamos ese nombre al espacio de NOMBRE [0], el segundo al NOMBRE [1] y así sucesivamente (recuerde que una matriz siempre comienza en la posición 0). Cada vez que tenemos que usar el primer nombre, lo llamaremos igual,

NOMBRE [1]. Como ve, esto facilita la declaración de variables, pero su uso principal está orientado para trabajar con grandes cantidades de datos. Imaginemos otro problema: hay que capturar 40 números por parte del usuario y hacer la suma entre ellos. En este sentido, utilizamos las estructuras que hemos aprendido anteriormente para tener un algoritmo de reducción:

Algoritmo Suma

Comienzo

NUMERO: vector [40]: integer;

INDEX, SUMA: integer;

SUMA = 0;

INDEX para 0-39 hacer

write "Introduzca un número";

read NUMERO [INDICE];

fin_para;

INDEX para 0-39 hacer

SUM = SUM + NUMERO [INDICE];

fin_para;

write "La suma es" SUMA;

Fin

En el algoritmo anterior, creamos un vector de enteros, la variable de índice que nos permite "recorrer" por el vector, y una variable que recibirá los números de la SUMA. En el primer bucle el índice para varia de 0 a 39: esto modificará el espacio vectorial que estamos utilizando sin tener que declararlo índice a índice. Para cada valor introducido, vamos a asociarlo a un espacio vectorial y pasar al siguiente. Al salir del bucle, entramos en un segundo bucle para que se ejecute el vector SUMA entre ellos y que se acumula en SUMA de nuevo. Al salir del bucle, tenemos el resultado esperado.

El vector de datos se puede trabajar de la misma manera como trabajamos con los datos del mismo tipo vector: como cada vector de este espacio es un entero, estos pueden sumarse, restarse, multiplicarse, etc... entre sí y con variables y datos de tipo entero. Si, por ejemplo, el valor NUMERO [1] fuera 10, y el NUMERO [2] fuera 20, lo que haríamos es:

SUMA = NUMERO [1] + NUMERO [2]; {SUMA igual a 30}

SUMA = NUMERO [1] - NUMERO [2]; {SUMA -10 es igual a}

SUMA= NUMERO [2] / NUMERO [1]; {SUMA es igual a 2}

SUMA= (NUMERO [2] / 5)*NUMERO [1]; {SUMA es igual a 40}

Lógicamente, si se asocia un valor diferente a la misma posición de un vector, este valor se sustituye:

NUMERO [1] = 10;

NUMERO [1] = 20;

El valor actual de NUMERO [1] es 20.

Arrays

En el ejemplo anterior trabajamos con el concepto de los vectores unidimensionales, es decir, las variables que pueden contener un solo tipo de datos bajo un mismo nombre. Otro concepto importante asociado son los vectores multidimensionales, que son similares a los vectores, con la excepción de establecemos el número de dimensiones que tienen. Una matriz es un vector multidimensional de 2 dimensiones (filas y columnas) que puede almacenar variables del mismo tipo. Por ejemplo, cuando se declara lo siguiente:

NUMERO: vector [3]: integer;

Acaba de crear en la memoria del ordenador tres espacios con el nombre de NUMERO. A continuación podemos ver la representación visual al asignar los valores 3,2,1:

| 3 | 2 | 1 |

Procure que las matrices sean necesarias cuando tenemos que combinar los datos internos con respecto a dos variables. Si, por ejemplo, necesitamos saber el nombre de un cliente, su crédito, su débito y el saldo, tendremos una matriz con valores como la que vemos a continuación:

Nombre	Crédito	Débito	Saldo
María	5.00	-10.00	-5.00
José	10.00	5.00	5.00
Antonio	20.00	2.00	18.00
Francisca	30.00	3.75	26.25
Tomás	10.00	10.00	0.00

Vemos la relación entre dos variables en cualquier espacio de la matriz: si queremos saber el saldo de Francisca, debemos ubicarnos en la línea del Nombre Francisca y cruzarla con la columna Saldo donde poder encontrar el valor 26,25.

La sintaxis para crear una matriz tiene la siguiente forma:

nombre de la matriz: array [número de filas] [número de columnas]: tipo de datos;

Cuando el número de líneas contiene el número de filas que permite la matriz, el número de columnas contiene el número de columnas permitidas. La cantidad de posiciones de almacenamiento será igual a las filas x las columnas. Para acceder a los datos en una matriz, solamente tenemos que mencionar el nombre de la matriz, con el número de línea y la columna específica. En el caso de Francisca, para conocer su saldo tendríamos que poner:

CLIENTES [3] [2];

Las operaciones y los tratamientos realizados con matrices son de la misma clase que los realizados con los vectores. Cualquier dato de un array puede trabajar con los datos del mismo tipo de datos, y se puede ejecutar una gran variedad de estructuras de procesamiento y la repetición.

CREACIÓN DE REGISTROS Y FUNCIONES

REGISTROS O ESTRUCTURA

Hasta ahora hemos visto como declarar variables de tipos diferentes. Cuando creamos variables comunes, el ordenador colocará estas variables en cualquier espacio de memoria sin tener que preocuparse de colocarlas con un cierto orden, que puede afectar al rendimiento de su programa en muchos casos. Por ejemplo, un registro de los alumnos con NOMBRE, tenga en cuenta que para encontrar un NOMBRE y su ubicación en la memoria, la búsqueda de la calificación asociada puede llevar mucho tiempo, ya que puede estar en cualquier posición de la memoria del ordenador. Para mejorar este proceso, podemos crear estructuras de datos que almacenan en su interior variables de distintos tipos en posiciones similares. Esto se llama un registro o estructura, una característica que permite la creación de diferentes tipos de variables en el mismo bloque de memoria de la computadora y aumentando así la velocidad de acceso.

Su sintaxis es:

Nombre del registro: registro

campos que componen el registro

fin_registro;

Para acceder a cualquier parte del registro, se utiliza la sintaxis:

Nombre la Registro. Variable interna

Como ejemplo, el algoritmo creará estudiante y la calificación, con el expediente académico del estudiante que tiene las variables NOMBRE y CALIFICACION, y obtener un nombre de alumno y una calificación, y luego mostrar los datos de registro en la pantalla:

Algoritmo AlumnoCalificacion

Comienzo

ESTUDIANTE: registro

NOMBRE: Texto (60);

CALIFICACIONES: real;

fin_registro

WRITE "Introduzca el nombre del estudiante";

READ ALUMNO.NOMBRE;

WRITE "Introduzca la calificación del estudiante";

READ ALUMNO.CALIFICACIONES

WRITE "El Estudiante: " ALUMNO.NOMBRE "ha sacado la siguiente calificación:" ALUMNO.CALIFICACIONES;

Fin

Como vimos en el ejemplo anterior, para declarar el expediente del ESTUDIANTE y sus variables internas, creamos una "plantilla" de espacio de memoria consecutiva que siempre mantendrá estos dos datos juntos. Esto, además de facilitar el acceso a la información permite la creación de nuevos tipos de variables. A menudo, los tipos básicos de variables utilizadas no son suficientes para resolver un problema de un algoritmo o incluso nos llevan a un nivel de dificultad superior. Para crear un tipo de registro, sólo tiene que colocar la palabra clave antes del nombre del tipo de registro, siendo su sintaxis como vemos a continuación:

Tipo NOMBRE_del_registro: registro

{Los campos que componen el registro}

fin_registro;

Como ejemplo, imaginemos que queremos crear 500 variables de tipo ESTUDIANTE. Use el registro que facilitará nuestra creación, ya que podemos crear un registro básico llamado ESTUDIANTE, que utilizaremos como un tipo variable. Después crearemos un vector de tipo ESTUDIANTE que llame a LISTAALUMNO con un tamaño de 500 para acceder a cualquier variable interna de estos 500 estudiantes sin dificultad, usando solamente el nombre de la variable que asociamos y variable interna. Vamos a implementar un algoritmo que realiza esta función, y luego hará el promedio de las calificaciones introducidas presentándolas siempre que se insertan un nuevo nombre y calificación:

Algoritmo AlumnoCalificacion

Comienzo

Tipo ESTUDIANTE: registro

NOMBRE: Texto (60);

CALIFICACIONES: real;

fin_registro

LISTAALUMNOS: vector [500]: ESTUDIANTE;

CONTENIDO: integer;

para INDEX=1 hasta INDEX<=500 paso 1 haga

WRITE "Introduzca el nombre del estudiante";

READ LISTAALUMNOS. NOMBRE [INDICE];

WRITE "Leer la nota de estudiante";

READ LISTAALUMNOS. CALIFICACIONES [INDICE];

SUMA = SUMA + LISTAALUMNOS. CALIFICACIONES [INDICE];

WRITE "El promedio actual es:" SUMA / INDEX;

fin_para;

Fin

FUNCIONES

Cuando tenemos un pedazo de algoritmo que se repite con frecuencia o que puede ser utilizado por otros algoritmos, podemos modularizar su uso con el fin de usarla en caso necesario. En este caso, creamos una función que es un trozo de un algoritmo que escribimos separado de nuestro algoritmo normal. Su estructura es:

Función Nombre de la función (tipo de datos de entrada): tipo de retorno

Inicio

Comandos

Retorno Datos de salida;

Fin

En la primera línea, después del nombre que elegimos para la función, debemos decir los datos que la función recibirá para poder procesar con sus respectivos tipos. Si usted no recibe datos, podemos descartar su uso. Pero si tenemos el tipo de retorno, que es el tipo de datos que la función devolverá. Si tenemos la misma estructura de los algoritmos, con la única excepción del Retorno. Este comando devuelve información o variable procesado por la función, que debe ser del mismo tipo declarado en la primera línea de la función. Si no devolvemos nada, ¿Por qué no omitimos su uso?. Para entender mejor esto, vamos a crear una función llamada Suma, y la usaremos en nuestro algoritmo:

Función Suma (numero_1, numero_2: integer): integer

Comienzo

SUMA: integer;

SUMA = numero_1 + numero_2;

SUMA Retorno;

Fin

Acabamos de crear una función llamada Suma, que toma dos números enteros. SUMA creó una variable que recibirá la suma de los dos números. La suma se realiza y la variable SUMA asociada, es devuelta por la función donde se necesita. La variable de retorno SUMA es de tipo entero, como mencionamos en :integer de la primera línea.

Usted puede colocar en la entrada tantas variables que desee y los tipos que necesite separados por ; cuando existen variables con diferentes tipos. Por ejemplo, si queremos crear una función que toma NOMBRE CALIFICACIONES del estudiante, podemos usar:

Función del Estudiante (NOMBRE: integer CALIFICACIONES: real): integer;

¿Como utilizamos una función dentro de un algoritmo? Escribimos la llamada de la función después del algoritmo, usando la sintaxis:

FunctionName (enviar datos);

Podemos trabajar los resultados devueltos por una función que no se asocia a ninguna variable. También podemos crear tantas funciones como queramos usar en nuestro algoritmo. Para entender la idea, creamos un algoritmo que toma dos números introducidos por el usuario, se pasan a una función y se obtiene un retorno de esta función:

Algoritmo CalcularSuma

Inicio

Numero1, numero2, RESULTADO: integer

WRITE "Introduzca el primer número";

READ numero_1;

WRITE "Introduzca el segundo número";

READ numero_2;

RESULTADO = Suma (numero_1, numero_2) { función de llamada}

WRITE "La suma es:" RESULTADO;

Fin

Función Suma (NUM1, NUM2: integer): integer

Comienzo

SUMA: integer;

SUMA = NUM1 + NUM2;

SUMA Retorno;

Fin

Utilizamos un ejemplo muy básico para demostrar el funcionamiento de una instancia de una función. En la mayoría de los lenguajes de programación, las funciones que cree se almacenan en archivos diferentes a partir del código principal. Esto permite componer el código para que se pueda utilizar en cualquier programa que sea necesario volver a escribir el mismo código cada vez que queremos crear una nueva biblioteca para nuestros programas. Por ejemplo, si necesitamos un algoritmo para calcular la tasa de interés de un determinado valor, en lugar de tener que volver a escribir todo el algoritmo necesario para calcular, podemos escribir la función una vez, y llamamos a todos los algoritmos que necesitamos de ese código. Esto permite reducir significativamente la construcción de algoritmos, y facilita la actualización y el mantenimiento.

Paso de parámetros por valor, referencia y dirección

Cuando pasamos los valores de los parámetros de la función anterior, lo que hacemos es copiar los valores de la función. En el caso mencionado anteriormente, cuando llamamos a la función Suma del algoritmo principal, hacemos una copia de los valores de las variables numero_1 numero_2 y NUM1 y NUM2, respectivamente, para realizar la operación, además de la función. Esta impresión y las operaciones realizadas en la función, sin embargo, no modifican los valores y numero_2 numero_1. Este tipo de llamada de función que sólo copia los valores se llama Paso de Parámetros por Valor.

Algunos lenguajes, sin embargo, nos permiten realizar otros tipos pasos de parámetros. El Paso de parámetros por referencia difiere de la adoptada por valor, no tiene una copia del valor de la función, sino que pasa la dirección de memoria de la variable con la que desea trabajar dentro de nuestra función. Para poder trabajar con este tipo de pasos de parámetros usaremos dos nuevos tipos de variables: los punteros y las referencias.

Llamamos puntero a una variable que "apunta" a una dirección de memoria de otra variable. Por lo tanto, el puntero no almacena un valor en sí mismo, sino la "dirección" del valor que es deseado. Para crear una variable de tipo puntero, utilizamos todas las reglas ya aprendidas de las variables, pero vamos a utilizar * antes del nombre de la variable. Así, si escribimos, por ejemplo: *1 ya no crean un espacio de memoria llamado 1, sino un puntero llamado *1 que debe apuntar a la dirección de memoria de cualquier variable.

Sin embargo, en el enfoque de acceder a la dirección de memoria de una variable no es suficiente sólo con usar su nombre, ya que traería su valor y no su dirección. Para acceder a su dirección, tenemos que utilizar & antes el nombre de la variable. Así que si queremos acceder a la dirección de una variable denominada RESULTADO, usaremos &RESULTADO.

Ahora podemos escribir el código de Suma usando estos nuevos conocimientos:

Algoritmo CalcularSuma

Comienzo

Numero1, numero2, RESULTADO: integer

WRITE "Introduzca el primer número";

READ numero_1;

WRITE "Introduzca el segundo número";

READ numero_2;

RESULTADO = Suma (&numero_1, &numero_2) {llamada a la función. Paso de dirección de las variables}

WRITE "La suma es:" RESULTADO;

Fin

Función Suma (*NUM1, *NUM2: integer): integer {ahora tenemos dos punteros que tienen acceso a las variables del código de main}

Comienzo

SUMA: integer;

SUMA = *NUM1 + *NUM2;

SUMA Retorno;

Fin

En este nuevo código, *NUM1 y +NUM2 tienen las direcciones &numero1 y &numero2, para acceder a estas variables para realizar operaciones dentro de la suma. Sin embargo, si cambiamos los valores que están en el contenido *NUM1 y *NUM2 también modifican los valores de numero1 y numero2.

La recursividad

La recursividad en la lógica de programación es la capacidad de una determinada parte de código para llamarse a sí mismo. Esto se hace porque muchos problemas complejos pueden ser resueltos mediante el uso de la misma tarea repetida varias veces con el fin de disminuir la complejidad involucrada.

En general, la recursividad se implementa mediante una función que se llama a sí misma, pasando los nuevos parámetros según su conveniencia. Llamamos a la función de la primera vez en cualquier parte de nuestro código principal de la primera vez y después de esa primera llamada, la recursividad se inicia. Para implementar la recursividad debemos tener cuidado, ya que debemos introducir una condición de parada, es decir, cuando la recursión debe dejar de ser ejecutada. Si no se establece una condición de parada, la recursividad se realiza de forma infinita.

Por ejemplo, vamos a crear una función que se llama a sí misma, llamado Factorial:

Función Factorial (NUMERO: integer): integer

Comienzo

   Si NUMERO <= 0 entonces {Condición Parar}

      Retorno Uno;

Pero

Retorno * Factorial NUMERO (NUMERO-1);

Fin;

Fin

Ahora haremos nuestro código principal que llamará a la primera función anterior pasando un valor inicial como parámetro:

Algoritmo HacerRecursion

Inicio

NUMERO: toda

WRITE "Entre el número de factor de:";

READ NUMERO;

WRITE Factorial (NUMERO);

Fin

Para crear el código de nuestro programa, se le pedirá al usuario que introduzca un número, que se pasará como parámetro a la función que se ejecuta la primera vez. Imagínese que el usuario introduzca 5. La Función factorial llamará y pasará el valor de 5. Como 5 no es menor que o igual a 0, la función devolverá a donde se llevará a cabo la siguiente operación 5*factorial(4). En este caso, la función es llamada de nuevo, pero ahora pasa un valor de 4.

Como 4 es mayor que 0, la función que devolverá tendrá la siguiente forma 5*4*factorial(3) (5 del último procesamiento, el 4 actual y la nueva llamada a la función con la cantidad de procesamiento 3). Esto se realiza de forma consecutiva para formar 5*4*3*2*factorial(1). En este paso, cuando se invoca la función y se pasa el valor 1, la función que realiza la primera parte del SI, devuelve el valor 1. En este caso, la es forma 5*4*3*2*1. Para devolver el valor 1, la llamada se rehace en orden inverso: 1 multiplica 2, el resultado se multiplica por 3, el resultado se multiplica por 4 y el resultado se multiplica por 5. El resultado final (120) es devuelto por la última función con la que el algoritmo original llamó a la función. Después, en WRITE Factorial (NUMERO); aparece en la pantalla el valor 120.

Tipos de recursividad

Hay dos tipos de recursión:

Recursividad directa: el fragmento de código se llama a sí mismo.

Repetición indirecta: El fragmento de código llama a un fragmento de código B, que a su vez llama al fragmento A.

CLASIFICACIÓN DE LOS ALGORITMOS

Hasta ahora hemos visto la mayor parte de todas las estructuras esenciales y algoritmos para la programación. Continuando con su aprendizaje en los lenguajes de programación que usted haya elegido, esto mejorará los paradigmas del lenguaje y otras acciones que no son parte de la lógica de la programación común, pero es útil para diversas necesidades como el acceso a bases de datos, por ejemplo. Pero usemos todo este conocimiento usando las estructuras básicas aprendidas. Continuando con nuestros estudios, vamos a saber ahora lo que llamaremos estructuras de datos.

Hasta ahora hemos visto como estructurar y organizar los algoritmos, pero las dudas siempre aparecen a la hora de desarrollar: ¿Cuándo utilizaremos un algoritmo para una cosa y no a la inversa? ¿Como organizar un algoritmo con el fin de tener un mejor rendimiento que otro algoritmo? Veremos que al escribir un algoritmo: hay que ser conscientes de como optimizarlo con el fin de hacerlo más sencillo, eficiente y elegante.

La primera cosa que tenemos que entender para mejorar un algoritmo es como los datos de entrada van a estar organizados: imaginemos que tenemos que encontrar un libro en una biblioteca. Si se organizan los libros, ¿será mucho más fácil encontrar este libro en una biblioteca sin fin?, no ¿verdad?. Del mismo modo, tenemos la capacidad de trabajar con conjuntos (estructuras) de datos de tal manera que se minimice el procesamiento de nuestros algoritmos.

Si usamos un tipo de estructura de datos conocida como vectorial. Un vector es un conjunto de datos del mismo tipo están bajo un nombre y son manejados por un índice.

Cuando declaramos un array, estamos declarando un conjunto de espacios consecutivos en la memoria con el mismo nombre, y movemos estos espacios mediante un índice. Ahora veremos algunas técnicas que nos permiten organizar los vectores y las matrices, con el fin de reducir posteriormente el tiempo de procesamiento para la búsqueda, inserción y eliminación de elementos.

ORDENACIÓN

Ordenar o clasificar es poner los elementos de un conjunto de información en un orden predefinido que sea relevante para el procesamiento de un algoritmo. Por ejemplo, si queremos organizar los libros en orden alfabético, o bien ordenar los libros en pares o impares, en números en orden descendente, etc, cuando pedimos los elementos deseados. Cuando se implementa un algoritmo de clasificación, tenemos a nuestra disposición varios modelos que satisfacen las necesidades específicas. Con un poco de trabajo, el estudiante puede ver y estudiar estos algoritmos en http://en.wikibooks.org/wiki/Algorithm_implementation/S orting.

El principio de reconocer que método de clasificación se debe utilizar en un caso concreto es saber sobre qué tipos de datos vamos a estar operando, y cual es su complejidad computacional, es decir, que algoritmo tiene un rendimiento medio mejor o peor para trabajar con estos datos.

A continuación vamos a ver tres algoritmos básicos: ordenación por Selección, ordenación de Burbuja y ordenación por Inserción. Usaremos como base que todas tienen la misma necesidad: tenemos una serie de 50 números enteros, debemos ordenar en orden ascendente. Usted encontrará que en muchos casos, se utilizan algoritmos más complejos que otros para realizar la misma función. Pero no se deje engañar por la cantidad de código: a veces, que permite una reducción en el coste de procesamiento de un algoritmo.

Ordenar por Selección

La ordenación por selección es un modelo de algoritmo que trabaja con un conjunto de datos, seleccionando el valor más alto o el más bajo (dependiendo del orden) y pasando al primer elemento del conjunto. Entonces, este hace con esto con el segundo valor mayor o menor pasando hacia la segunda posición, y así en adelante, hasta los dos últimos.

NUMEROS: vector [50]: integer;

I, J, MINIMO, TEMPORAL: integer;

para I = 1 hasta I <50 pasando 1 hacer

MINIMO = I;

para I = J+1 hasta J <50 pasando 1 hacer

si NUMEROS[J]< NUMEROS[MINIMO] entonces

MINIMO = J;

VECTOR TEMPORAL = [MÍNIMO];

NUMEROS [MÍNIMO] = VECTOR [I];

NUMEROS [I] = Temporal;

fin;

fin_para;

fin_para;

Ordenar por Burbuja

El ordenamiento de burbuja es un algoritmo de ordenación cuya idea principal es comparar dos elementos y cambiarlos de posición hasta que los elementos de mayor o menor valor llegan al final del conjunto de datos. Como el intercambio se lleva a cabo de par a par, de los elementos más grandes o más pequeños, entonces, este algoritmo requiere una condición de parada que determina cuando el algoritmo se deberá detener, por lo general una variable que almacena si hubo o no hubo un intercambio en cada iteración del bucle de ordenación.

INTERCAMBIO: lógica, I,

AUXILIAR: integer;

NUMEROS: vector [50]: integer;

INTERCAMBIO = 1;

mientras INTERCAMBIO == 1 hacer

INTERCAMBIO = 0;

para I de 1 hasta 50 hacer

si VECTOR [I]> NUMEROS [I 1] entonces

NUMEROS AUXILIARES = [I];

NUMEROS [i] NUMEROS = [I+1];

NUMEROS [I +1] = auxiliar;

INTERCAMBIO = 1;

fin;

fin_para;

fin_mientras;

Ordenar por Inserción

El método de ordenación por inserción es un algoritmo de ordenación cuyo objetivo es recorrer una colección de valores de izquierda a derecha, ordenando los elementos procesados a la izquierda.

NUMEROS: vector [50]: integer;

I, J, VALOR: integer;

para j = 2 hasta 50 pasando 1 hacer

VALUE = NUMEROS [J];

I = J-1;

mientras I> 0 & A [I] > VALOR hacer

NUMEROS [I + 1] NUMEROS = [I];

I = -1

NUMEROS [I 1] = valor;

fin_mientras;

fin_para;

Algoritmos de Búsqueda

En el capítulo anterior, vimos algunos algoritmos que tienen como objetivo facilitar la organización de los datos con el fin de facilitar las operaciones sobre estos datos. Trabajamos con los vectores, ahora será capaz de aplicar con éxito estos algoritmos a cualquier colección de datos que están disponibles en los lenguajes de programación: arrays, listas, objetos, entre otros. En este capítulo seguimos los dos métodos de búsqueda más comunes, es decir, como se encuentra un cierto valor en una recopilación de datos. Hay muchos otros, y más eficiente para otras necesidades específicas, se puede ver en http://en.wikipedia.org/wiki/Category:Search_algorithms.

Búsqueda Lineal

En una búsqueda lineal analizamos los elementos de una colección de uno en uno hasta que encuentre el valor deseado. En este tipo de algoritmo, lo mejor que podemos esperar es que el valor se encuentre en la primera posición, pero si tenemos una colección de datos muy amplia, si el valor se encuentra en la última posición, tendrá un coste de procesamiento muy grande, siendo necesarios n procesamientos, donde n es el número de elementos de la colección. Supongamos que tenemos un vector de 50 posiciones y queremos encontrar un valor introducido por el usuario, su algoritmo se puede escribir:

NUMEROS: vector [50]: integer;

```
I, NUMEROBUSCADO: integer;

WRITE "Introduzca un número";

READ NUMEROBUSCADO;

Para I = 0 hasta I = 50 pasando 1 hacer

si NUMEROBUSCADO== NUMEROS [ I ] entonces

WRITE " Fueron encontrados" NUMEROS [ I ] "en la
posición:" I;

I = 51; {obliga la detención del bucle para}

fin;

fin_para;
```

Vemos en este caso que el algoritmo tiene un conjunto de números, y buscamos un número, el mejor resultado esperado en este proceso será el número de la primera posición. Esto hará que el contenido del bucle sólo se recorra una vez. Para cada posición más que el número, el bucle se recorre n veces. Si esta en la última posición, el bucle se recorrería 50 veces. Esto demuestra la importancia de analizar siempre un conjunto de datos e identificar los mejores algoritmos de ordenación y de búsqueda: si asociamos un tiempo en el bucle para como un retardo de 1 segundo, en el peor de los casos se tardará más de 50 segundos. Si no le parece mucho tiempo, imagine esto en un vector con 50.000 valores diferentes. En este sentido, se puede entender el retraso en la ejecución de algunas aplicaciones, especialmente aquellas que utilizan bases de datos.

Podemos realizar una búsqueda como esta usando el comando MIENTRAS, por ejemplo. Lo que importa en la construcción de un algoritmo es su concepto: una forma de aplicación puede variar de acuerdo a la voluntad de los desarrolladores.

BÚSQUEDA BINARIA

La búsqueda binaria se basa en la idea de que la recogida de datos en la que se realizará la búsqueda está ordenada, por lo que siempre se recomienda utilizar algún algoritmo de ordenación si la colección no está ordenada de forma predeterminada. Esta divide la colección en dos partes, tomando el valor medio como una clave, que se compara con el valor introducido. Si no se encuentra el valor, comprueba si el valor introducido es mayor o menor que el valor buscado. Si es menor, la división busca en la primera mitad de la colección, sino en la posterior, dividiendo hasta alcanzar el valor esperado.

NUMEROS: vector [50]: integer;

I, NUMEROBUSCADO, MINIMO, MAXIMO, MEDIO: integer;

WRITE "Introduzca un número";

READ NUMEROPROCURADO;

MINIMO = 1;

MÁXIMO = 50;

repetir

MEDIO = (MAXIMO+MINIMO) / 2;

si NUMEROBUSCADO> NUMEROS [MEDIO] entonces

MINIMO = MEDIO + 1;

sino

MAXIMO = MEDIO - 1;

Para (NUMEROBUSCADO == NUMEROS [MEDIO]) | | (MINIMO> MAXIMO);

fin_repetir;

Si NUMEROBUSCADO == NUMEROS [MEDIO] entonces

WRITE "Fueron encontrados" NUMEROS [I] "en la posición:" I;

sino

WRITE "No se ha encontrado el valor introducido en el vector";

fin;

Programación Lógica: Conclusión

Los conceptos aprendidos en los capítulos anteriores sobre la programación lógica puede parecer limitada, pero es esencial para entender cómo programar cualquier lenguaje de programación. Sin embargo, sabemos que todos los conocimientos son necesarios para ser un buen desarrollador: Hay un sinfín de posibilidades que se pueden realizar a través de los lenguajes de programación, tales como el acceso a la base de datos, interfaz gráfica de usuario, entre otros, que vimos en este libro, que no forma parte de la lógica de programación básica. Pero no nos engañemos: todos estos conceptos los aprenderá, cuando comience con la programación lógica a medida que vaya desarrollando, en los lenguajes estructurados, las cosas pueden ser más complejas.

Con el aprendizaje en la lógica de programación, consigues la diferencia que distinguirte entre un verdadero desarrollador y los desarrolladores "Google": de los que sólo saben copiar el código de otras personas en Internet, pero no entienden cómo funciona el código. A día de hoy, en las organizaciones es muy importante: puede que no sepa el lenguaje utilizado por una empresa, pero si usted ya tiene las herramientas teóricas para resolver los problemas, comprenderá un lenguaje de programación mucho más rápido que una persona que no tenga estos conocimientos. Esto es debido a que un lenguaje de programación es una herramienta, no un fin. "Los expertos algún lenguaje de programación" pueden saber programar en un lenguaje, pero muchos sen pierden cuando se enfrentan un problema diferente de su día a día y se encuentran con que tienen sus conocimientos limitados a un lenguaje de programación.

Ahora usted tiene que decidir las formas de continuar mejorando: un desarrollador tiene varias opciones en la forma de proceder en su aprendizaje, y siempre debe de ir acompañado de sitios web, libros, foros, documentación y otros medios de aprendizaje, pero más allá de todo esto, lo que debe tener es un espíritu curioso: ningún desarrollador sabe todo sobre de un lenguaje de programación, pero usted debe saber lo que "quiere hacer". En este sentido, debe saber explorar y combinar las distintas opciones, y no tenga miedo de usar Google, pero no caiga en la trampa de simplemente copiar la creación de otra persona sin entenderla.

A continuación se presentan algunas opciones de caminos a seguir en el desarrollo:

• Desarrollo *Desktop*: el *software* de *escritorio (desktop)* es el nombre que damos a l *software* que se ejecuta en la máquina del usuario (es decir, la computadora de escritorio), a diferencia del software web que se ejecuta en un servidor central. Para trabajar en este segmento, se recomienda una mejora en la programación lógica centrada en programación orientada a objetos, que es un paradigma que tiene como objetivo mejorar, facilitar y reducir el código de producción. Por otra parte, para la mayoría de las aplicaciones actuales, el conocer los conceptos de bases de datos y de cómo conectar la aplicación a una base de datos es esencial. La recomendación para aquellos que quieran seguir este camino son los lenguajes: Java, C, Visual Basic y Delphi.

• Desarrollo *Mobile*: son las aplicaciones que se ejecutan en los dispositivos móviles tales como teléfonos móviles, *smartphones, tabletas* y similares. En general, estas aplicaciones requieren un conocimiento profundo del desarrollo de la arquitectura que tiene un dispositivo móvil ya que tiene menor capacidad de memoria y de procesamiento de una computadora ordinaria. Además, los elementos tales como la facilidad de uso son importantes porque un dispositivo móvil es más pequeño y no tiene accesorios para su manipulación como son los *ratones* y periféricos similares. Los lenguajes recomendados para estudiar son el AndroidSDK, Java ME, Python y Objective-C.

• Desarrollo *web*: el desarrollo web implica tanto a las aplicaciones internas de una organización (como una intranet corporativa) como a las aplicaciones para Internet. En este caso, además de los conocimientos mencionados en el desarrollo de escritorio, se recomienda estudiar redes de computadoras, con especial énfasis en los protocolos y en el modelo cliente-servidor, y el estudio de los lenguajes de marcado ya que los diferentes lenguajes de programación no especifican como representarlo gráficamente, pero tienen la necesidad de presentar la información que procesan. En estos casos, se requiere un aprendizaje de HTML y CSS. Los lenguajes de programación recomendados son PHP, Javascript y ASP.Net.

• Desarrollo *scripts*: este segmento es similar al segmento de escritorio, pero el énfasis no está en las aplicaciones visuales, sino en los scripts de creación para automatizar diversas necesidades del día a día. Los códigos Scripts pueden ser llamados por un software común o se pueden ejecutar de forma independiente para simplificar muchas de las necesidades que con un software estándar se realizaría a un coste mucho mayor. Las recomendaciones son las mismas que las usadas en el escritorio y en el desarrollo web, dependiendo del escenario en el que desee ejecutar las secuencias de comandos y lenguajes de programación recomendable son Python, Lua, y Ruby, o lenguajes de script de shell para Unix/Linux y archivos por lotes de DOS/Windows, que son herramientas para automatizar muchas de las funciones de estos sistemas operativos sin necesidad de utilizar lenguaje de programación externo.

Además, con el conocimiento Ingeniería del Software le permitirá no sólo planificar su software, sino poder establecer un conjunto de técnicas para diseñar, construir y probar sus programas con el fin de reducir el tiempo de desarrollo y tener una buena calidad en el producto final. Hoy, con la aplicación de software en las áreas críticas de la vida humana, esta calidad no sólo es deseable, sino necesaria.

REFERENCIA BIBLIOGRÁFICA

Para la realización de este libro se han leído, traducido, interpretado, consultado y contrastado información con las siguientes fuentes de información:

Libros

■ *The Pragmatic Programmer: From Journeyman to Master*, de Andrew Hunt

■ *Code Complete: A Practical Handbook of Software Construction, Second Edition*, de Steve McConnell

■ *Clean Code: A Handbook of Agile Software Craftsmanship*, de Robert C. Martin

■ *The Complete Idiot's Guide to Programming Basics*, de Clayton Walnum

■ *Programación en C*, de Aarón Rojo Bedford

■ *Basic programming*, de John G. Kemény y Thomas E. Kurtz

■ *Teach Yourself Programming in Ten Years*, de Peter Norvig

Páginas Web

http://wikipedia.org

http://revistabw.com.br

http://www.wikibooks.org

http://www.microsoft.com

http://www.programmingbasics.com

ACERCA DEL AUTOR

Ángel Arias

Ángel Arias es un consultor informático con más de 12 años de experiencia en sector informático. Con experiencia en trabajos de consultoría, seguridad en sistemas informáticos y en implementación de software empresarial, en grandes empresas nacionales y multinacionales, Ángel se decantó por el ámbito de la formación online, y ahora combina su trabajo como consultor informático, con el papel de profesor online y autor de numerosos cursos online de informática y otras materias.

Desde el año 2009 Ángel Arias, también comienza su andadura en el mundo de la literatura sobre la temática de la informática, donde, con mucho empeño, trata de difundir sus conocimientos para que otros profesionales puedan crecer y mejorar profesional y laboralmente.